異端

記者たちはなぜそれを書いたのか

河原仁志

旬報社

はじめに——異端について

本のタイトルには書籍の内容を象徴する言葉が付けられる。出版に当たって私は当初、別のタイトルを考えていたのだが、ある時、編集を担当してくださった旬報社企画編集部長の熊谷満さんから「あとがきにある『異端』をそのままタイトルにしませんか」と提案された。私はあとがきの草稿に「異端者たちと組織文化」との副題を付け、「鋭い感性を持つ記者たちは、組織の中ではしばしば異端者である」「この7つのストーリーの主役は、その異端者たちである」などと綴っていた。

しかし「異端」をそのまま本のタイトルにするにはためらいがあった。そもそも「異端」などと呼ばれて喜ぶ人はまずいない。巻末のあとがきでならいざしらず、表題として掲げるのは取材に応じてくれた方々に失礼ではないか。登場人物の中には堂々と社の中枢を歩み、トップになられた方もいる。それでも、考えれば考えるほど、自分は「異端」を描いてきたのだという思いが深まった。

異端とは何か。辞書には「正統から外れていること。また、その時代において正統とは認められていない思想・信仰・学説など」（広辞苑）とある。では今の時代の「正統」とは何なのか。

先輩諸氏が積み上げてきた仕事の仕方やしきたりに忠実であること。あるいは組織秩序に忠実で会社の発展に寄与していくこと。新聞界でいえば、ライバル紙に勝って部数を伸ばすこと。取材先との信頼関係を重視し、和を乱さずに業界で評価される記事を出すこと。これらを座標の原点においている人々だろう。それが「正統」なのであれば、本書の登場人物はそこから外れている。従来の取材や編集の在り方を覆し、かくあるべきとされてきたしきたりを破る。地域の有力者の声に反し、社上層部の意向に従わない。業界内の評判や立身出世に関心を寄せない。それはまごうことなき「異端」である。そうであれば「異端」というタイトルもあながち間違いではない。それどころか、私が書きたかったことはもしかしたらそのことだったのかもしれないと考えた。

彼らはなぜ「正統」に背を向けたのか。組織に反旗を翻しているわけではない。天邪鬼なわけでもない。いやむしろある一点について忠実だったからこそ「正統」を外れたのではなかったか。それは会社でも上司でもない。個人の信条なのかとも思ったが、それとも少し違う。敢えて言えば彼らは、新聞という仕事の本質に忠実であろうとしたのではないか。言い換えれば、世の中や読者が新聞に何を求めているかが行動原理のど真ん中にあったということだ。

昭和の時代、彼らのような異端はこの国で必ずしも少数派ではなかった。ソニーを興した盛田昭夫、井深大、本田技研工業の創設者・本田宗一郎は旧財閥のしきたりに背を向けて徒手空拳で新生日本に新しい市場を拓いた。演劇の世界では寺山修司、唐十郎らが既成の概念をぶち壊して人々の心に潜在する漠とした思いを形にした。ジャーナリズムの世界でも本田靖春、立花隆といった面々がそれまでの通念を覆す作品を世に問うた。

新聞界はとりわけ「異端」の塊だった。当時この世界に入ってくる人間は、いわば世の中の「はぐれもの」。学校の成績は悪い。群れることを嫌う。一方で世の中の在りように「これっておかしくないか」という批判精神を持つ。そんな「はぐれもの」の集団が往時の新聞をつくっていた。彼らは、「ブンヤ」と蔑まれながら大衆の中に分け入り、世の中が求めるものを探り当て、無手勝流で交通戦争や公害を追及していった。彼らの駆動力は「これっておかしくないか」という野生の問題意識だった。

業界の空気が変わり始めたのは21世紀に入った頃からか。組織秩序を大事にし、学校の成績も抜群の優等生が取材・編集現場でも多数を占めるようになった。優等生がいけないというつもりはない。だが、幼少期から人生の王道を歩んできた彼ら彼女らは往々にして受け身である。定められた規範の中で摩擦を起こさず、与えられた課題をそつなくこなすことには長けている。だが一方で、自分の持ち場や専門分野以外には関心を寄せず、世の中を俯瞰するのは苦手で、その奥底で起きている変化にもあまり敏感ではなかった。

そのこと自体が理由かどうかはわからないが、新聞の世界からは締め切りが終わった後の酒を交わしながらの熱い議論が消え、取材や編集のルールを定めた社内の規則集やマニュアル、コンプラが幅を利かせるようになっていく。そして自らの頭で考え、無手勝流で生きてきた「はぐれもの」たちは次第に隅に追いやられていった。

かくて、その昔この国に活力と甲論乙駁の議論を巻き起こした「はぐれもの」たちは現代の社会において正真正銘の「異端」となった。

本稿執筆のために九州・沖縄から東北までを巡り歩いた1年余りの旅は、いまや絶滅危惧種となった異端者たちの生きざまを探る旅であった。そこには私がこの業界に足を踏み入れた頃わずかに残っていた野生の香りと、少し大げさに言えば狂気のような空気があった。

新聞業界は部数減、広告減、業界人気の凋落による人材難に喘いでいる。業界関係者が集まるといかに経営を立て直すかの話で持ちきりだ。本書の内容は、そうした経営の現場からみればナイーブな妄言や時代錯誤の寝言のように聞こえるのかもしれない。それでも私には、いまや異端となった彼らの仕事が新聞再生に向けてのあらたな境地を指し示しているように思えてならない。

世の中は新聞に何を求めているのか。新聞にしかできないこととは何なのか——。彼らのような異端者が異端でなくなったときに、新聞はまたよみがえるのではないだろうか。たとえそれが紙でなくとも。

本書の登場人物は原則として敬称を略し、その事案が起きた当時の年齢を記した。

第1章 悔恨

自社特ダネを裁いた検証取材——西日本新聞「飯塚事件」報道

2017年夏、西日本新聞の編集局長になったばかりの傍示文昭《かたみふみあき》（57）はひとつの決断をするかどうかを独り思い悩んでいた。彼の心に引っ掛かっていたのは四半世紀前に起きたある事件だった。

抜かれる恐怖

1992年2月21日、福岡県甘木市《あまぎ》（現朝倉市）の八丁峠山中で2人の小学女児が死んでいるのが見つかった。2人は前日朝、現場から約20キロ離れた飯塚市で登校途中に行方不明となり飯塚署が捜索していた。死因は首を絞められたことによる窒息死。福岡県警は殺人・死体遺棄事件として飯塚署に捜査本部を置いた。

ほどなくしてある男が捜査線上に浮上する。被害者宅の近くに住む無職の久間三千年《くまみちとし》（事件当時54）である。3年前に久間宅で遊んでいた近所の7歳女児がその後行方不明になり、県警が任意で事情を聴いた経緯があった。

捜査本部は事件から1か月後の3月20日、久間に同行を求め、毛髪などを任意提出させる。警察庁科学警察研究所で女児の遺体に残された血痕、体毛と照合したDNA型鑑定（MCT118法）[†1]は「ほぼ一致」。行方不明当日、八丁峠の死体発見現場付近で久間所有の後輪ダブルタイヤのワンボックス車に似た車を見たとの目撃証言も得られた。だが、福岡地検はMCT118法が導入間もない鑑定法だったこともあって慎重だった。

↗ 西日本新聞の事件当時の紙面

8月15日夜、鑑定結果をキャッチした西日本新聞記者の宮崎昌治（25）は「すぐに逮捕はないが一部の社が勘付いている。打ちましょう」と先輩たちに迫った。県警キャップは同調したが、サブキャップだった傍示は逡巡した。「逮捕が固まっていないのに打つのは邪道」と思ったからだ。長い議論の末、キャップが傍示にこう言った。「もしお前が取ってきたネタを他社に書かれたらどう思う」。地元紙にとって全国紙に地元ネタを抜かれるのは何よりの屈辱である。傍示は頷くしかなかった。

「重要参考人浮かぶ　DNA鑑定で判明」という白抜きの横見出しが翌日朝刊最終版の一面トップに載った。「わだかまりは残ったが、抜かれる恐怖から逃れることができなかった」と傍示は述懐する。

記事はリード部分で、捜査本部が科警研のDNA型鑑定の結果、現場に残されていた体毛が「県内に住む中年の男性と一致していることを突き止めた」と明記した。そして、導入間もないDNA型鑑定に依拠したこの時の報道が、その後の傍示の心に重くのしかかることになる。

2度目の〝前打ち〟

捜査本部は結局この時の逮捕を見送った。地検が別の専門家によるDNA型鑑定を求めた結果、帝京大法医学教室が「一致せず」との結論を出したためだった。その後約2年間、捜査は停滞する。局面が変わったのは県警捜査一課長に強気の捜査で知られる山方泰輔が就いてからだ。

山方は帝京大法医学教室の石山昱夫《いくお》教授に自ら電話して「科警研と結果が食い違ったのはそちらに送った試料がわずかだったからではないか」とただした。石山は試料が少なかったことを認め、山方は意を強くする。捜査本部はさらに①女児の衣服に付着していた繊維片の成分が久間の所有していた車のシート繊維の成分と一致②久間の車の後部シート裏側から女児と同じB型の血液型の遺留物を確認――など補強証拠をそろえ、94年9月23日、久間を死体遺棄容疑で逮捕した。

これを23日付朝刊でスクープしたのも西日本新聞取材班だった。事実上2度目の〝前打ち〟である。見出しは「新証拠裏付け終わる　車のシート繊維が女児服に付着」と、敢えて「きょう逮捕」とは書かなかった。前打ちしたことで着手日をずらす可能性があったためだ。2年前の〝前打ち〟で「一致していることを突き止めた」と断定し「百万人に一人程度まで個人の識別が可能」とまで書いたDNA型鑑定については「この男性のものと一致する確率は高いとの結論を得た」と表現を後退させた。

傍示はこの少し前に東京支社報道部に異動していた。転勤直前に県警幹部から「DNA型鑑定、目撃証言、繊維鑑定、血液型の4つを束にしたら有罪に持ち込めるが、一つ一つは弱い」と聞いていた。

「なんなんだ、これは」

逮捕された久間は一貫して否認したが、99年9月の福岡地裁判決は死刑。高裁、最高裁でも変わらず、2006年9月に久間の死刑が確定する。当時、傍示は中国総局長として北京にいた。

「一審、二審の時から疑問に感じるような審理と証拠採用がなされてきたので、ひょっとしたら犯人は違うんじゃないかという思いもあった。それでも、われわれが一貫して久間が犯人だと報じリードしてきたのだから、判決には正直ほっとした」と告白する。

傍示が言うように、死刑判決を支えた4つの証拠のうち目撃証言は「車を運転してわずか数秒のすれ違いでみたさまざまなファクトを、何日も経った後に覚えているものか」（弁護側）という疑問がつきまとった。女児の衣服に付着した繊維片も久間の車のものと断定する直接証拠ではなく、車内遺留物の血液型も久間の家族に同じB型がいた。つまりこの時点で直接的な証拠と呼べるものは導入されて間もないＤＮＡ型鑑定だけだった。

そして刑確定からわずか2年後の２００８年10月、久間の死刑が突然執行される。死刑確定から執行までの平均期間は5〜6年。あまりに唐突な執行に、一報を聞いた傍示の第一感は「なんなんだ、これは」だった。

「あまりにも早すぎる。自分の中にふつふつとわいてきていた判決への不信や疑問を、ねじ伏せられたような気がした」

「〝柱〟が崩れた。もしかしたら真犯人が別にいるんじゃないか、この裁判はどこか間違っているんじゃないかという思いがどんどん膨らんでいった」

折れた特ダネの〝柱〟

傍示が割り切れない思いを抱える中、事件の根幹を大きく揺るがす事態が関東で進んでいた。栃木県で女児が行方不明になり他殺体でみつかった足利事件[†2]の再審請求で、東京高裁は２００８年12月19日、ＭＣＴ１１８法で行われたＤＮＡ型鑑定を別の方法であらためて鑑定することを決めた。飯塚事件でも採用されたＭＣＴ１１８法の証拠能力を事実上否定する決定だった。

久間の死刑が執行されたのはこの直前の10月28日だった。久間の弁護団の中で、ＭＣＴ１１８法の精度への疑念が広がる前に法務省が死刑を強行したのではないかとの疑念が広がった。一方、弁護団の調査で、福岡県警が裁判所に提出した科警研のＤＮＡ型鑑定のフィルムが加工されていたことが新たに分かった。弁護団はこれらをもとに死後再審を請求するが、福岡地裁は２０１４年3月、これを退ける。

傍示は再審が認められることは絶対にないだろうと思っていた。死刑執行後に再審となれば死刑制度そのものの是非論にまで発展し「日本の刑事司法がひっくり返る」と考えたからだ。

傍示はこの時、事件とは直接関係のないデジタル担当の編集局次長だったが、居ても立ってもいられず弁護団の会見に駆け付けた。そして大きな衝撃を受ける。棄却決定文がMCT118法によるDNA型鑑定について「直ちに有罪認定の根拠にはできない」としていたからだ。それでも裁判所は「他の状況証拠によって高度の立証がなされている」として再審の扉を開かなかった。

「DNA型鑑定は唯一の科学的証拠だったはず。私たちが書いた『重要参考人浮かぶ』の特報もDNAしかないようなところがあった。その〝柱〟が崩れた。もしかしたら真犯人が別にいるんじゃないか、この裁判はどこか間違っているんじゃないかという思いがどんどん膨らんでいった」と傍示は回顧する。

MCT118法の精度に疑問を示した最初の報道は、日本テレビで足利事件のドキュメンタリー番組を制作した清水潔によるものだった。清水は足利事件のほか桶川ストーカー殺人事件や飯塚事件など調査報道を駆使した優れたドキュメンタリーを手掛けたことで知られていた。

2016年7月、東京支社次長兼編集長に転任した傍示は清水に面会を求めた。東京在住にもかかわらず久間の妻にも食い込むなどその取材の深さに傍示は驚いた。「死刑執行から10年近く経てもまだ事件の検証を続けている記者がいる。しかも遠く離れた東京で。地元紙の我々がやらんでいいのか、と思った」

「なんで今更そんなことをするんですか。傍示さんもスクープを打った当事者なんですよ」

深夜の対話

傍示が取締役編集局長を命じられたのは、それから1年ほど後の2017年6月だった。「編集局長という権限をもらえたことで、ずっと膨らんできた疑問をどう払しょくできるかを考えた。納得できないんだから納得できるまでゼロベースでこの事件をもう一回検証してみたいと思った」

しかし傍示の抱え込んだ問題意識は、自社のスクープも裁くことになる劇薬である。下手をすると社内は混乱する。サラリーマン的には触らない方が得策だ。だが傍示は「真実を知りたい」と思った。それが果たせるかどうかは分からない。傍示は独り悩んだ。しかし、自分自身の中にここまで疑問が膨らんだ以上、放置はできないと思った。東京で孤軍奮闘する清水や、手弁当で死後再審のための証拠集めに走る弁護団の存在も脳裏をよぎった。

一方で、検証取材をするためには避けて通れない問題があった。それは師弟関係にあり、県警時代に一連の〝スクープ〟を放った宮崎の同意を取り付けることだった。傍示は宮崎を社会部長に据えた後のある夏の晩、天神界隈の飲食店で趣旨を伝えた。説得ではなく相談のつもりだったが、彼は即座に「やめてください」と顔色を変えた。「なんで今更そんなことをするんですか。傍示さんもスクープを打った当事者なんですよ」

宮崎が四半世紀前「重要参考人浮かぶ」を書いた責任を考えていることは傍示と同じだった。傍示は「再審弁護団や清水さんらが懸命の調査を重ねているのに俺たちは経過を追うだけでいいのか」と心に溜め込んだ思いを伝えた。宮崎は「本当にやるんですか」と、すぐには割り切れないようだった。

二人の対話はその後も日を改め、店を変え何度も続いた。深夜や未明になることもしばしばあった。ある時、傍示は「もし死刑が執行されていなかったら、再審請求はどうなっていたと思う?」と問うた。「柱の証拠が崩れた以上、再審開始だよな」。黙って聞いていた宮崎はしばらくして「そうですね」と頷いた。

その後、仮にやるとすればどうやるか、誰をキャップにするかなどの話も次第に出るようになる。検証の過程でおのれの取材のあまさが露見することを恐れるよりも、真実を知るために一つでも新事実を探し出したい――。傍示の思いと宮崎の思いが重なり始めた。

そうしたやりとりを重ねたある夜、宮崎は「傍示さんがそこまで腹をくくったのなら行きましょう。とことんやりましょう」と告げた。自分たちが放った〝スクープ〟の経緯をも俎上に載せる前例のない検証取材が動き出した。

「なんで俺が」

〝スクープ〟記事を書いた後輩の宮崎から検証取材の同意を取り付けた傍示が次に手掛けたのは編集局内の機運の醸成だった。「自分一人がいくら踊っても局内がしらけていては意味がない」と思ったからだ。

西日本新聞の編集局では折に触れて外部識者を呼んで話を聞く勉強会を開いていた。傍示はこれに日本テレビ記者の清水潔を呼んだ。飯塚事件の捜査への疑問を語ってもらうためだった。清水は冤罪に関する数々のドキュメンタリーを制作し、MCT118法によるDNA型鑑定に疑問を投げ掛けてきた。事件から既に四半世紀。記者やデスクの大半はこの事件を直接知らない。それでもなお事件が終わっていないことを周知する意味もあった。

もう一つの関門は、誰に検証取材を委ねるかだった。先入観を持たずゼロベースで関われる人材がいい。頭に浮かんだのは勉強会に顔を見せていた編集委員の中島邦之だ。中島は宮崎の3期上。サツ回りの経験はなかったが、90年代後半に企画した長期連載「犯罪被害者の人権を考える」でのしつこい取材が傍示の頭に残っていた。

だが中島は「なんで俺がやらんといかんのですか」と抵抗した。「既に死刑執行された事件の真相がそんなに簡単に突き止められるはずがない」とも言った。それを中島の責任感の裏返しだと感じた傍示は諄々と説得を重ねた。中島は拒みながらも、清水の著作や飯塚事件の資料を読み込んだ。「人海戦術で取材するのが相場だった一課ものを清水さんは一人でやって成果を出していた。すごいなと思った」

異動直後のキャップを召喚

この時期、福岡高裁では再審請求の即時抗告決定が間近に迫っていた。中島は傍示の求めにひとまず応じ、決定を前に事件捜査を洗い直す取材をして数本の記事を書いた。2018年2月に高裁は弁護側の即時抗告を棄却。これでお役御免と思っていた中島に、社会部長の宮崎が「朝日の『プロメテウスの罠』[†3]のような長期企画をやりませんか」と持ち掛けてきた。宮崎を触発させたのは中島の取材メモだった。メモには、これまで沈黙を守っていた捜査本部幹部の生々しい証言があった。

中島は困惑した。自分がやったのはあくまで高裁決定に向けての取材だ。長期連載となると一から取材し直さなければならない。「そんなことは無理」と中島ははねつけた。

数日後、西日本新聞社11階の編集局の脇にある小部屋で傍示、宮崎、中島が向き合った。中島を説得するための会合だった。中島は渋った。傍示もあきらめない。堂々めぐりの中で中島は「中原を付けてくれるのなら」と条件を出した。中島が指名した中原興平はかつて安保政策を考える企画で中島が使った記者だ。だが直前に記者約15人を擁する北九州本社のキャップに異動したばかり。土台無理だろうと踏んでの提案だった。

ところが傍示は「中原を戻したら、やるんだな」と言って、すっと立ち上がり部屋を出ていった。人事当局と掛け合うためである。残った宮崎はぼう然とする中島に向かって「よかったですね」と笑い掛けた。この時のことを中島は「人事当局を含めて社内に反発もあったはずだが実行してくれた。傍示さんの本気度を感じた」と振り返る。

「あの記事は消したい歴史」

事件をめぐる中島と中原の検証取材はそこから始まった。目撃証人の話を確認するため転居先を探して山陰地方をめぐり、足利事件の関係者を訪ねて栃木県にも足を延ばした。捜査関係者はむろん法医学者、刑務所の教誨師にまで当たった。途中からは社会部の司法担当ら若手記者も取材班に加わった。そして92年8月に宮崎、傍示らが放った「重要参考人浮かぶ」の〝スクープ〟についての社内取材をする日が来た。

対象は宮崎、傍示、当時の社会部長、県警キャップなど、取材する記者よりほとんどが年上だったが、中島は答えを渋ったら『取材を拒否した』と記事に書く覚悟だった。

宮崎は誠実に応じた。そして導入されたばかりのＤＮＡ型鑑定（ＭＣＴ１１８法）が指紋と同等の高い精度があると信じていたと説明し、「あの記事は消したい歴史」と苦渋の思いを口にした。現役の社会部長が同僚の取材に自らの苦い過去をさらすことの屈辱は想像に難くない。逡巡の末に「とことんやりましょう」と傍示に告げたことを、宮崎は自分なりに実践していた。

逮捕が固まっていない段階で〝スクープ〟を撃ち込んだ背景には、当時の県警担当記者たちが抱いた全国紙には負けられないという地元紙としての焦りがあった。中島はその顚末を綴った検証記事の見出しを、そのものずばり「負けるわけにいかない」とした。

その翌日の連載では、〝スクープ〟が地域に及ぼした「負」の影響を書き込んだ。女児が連れ去られた現場周辺では「犯人は久間のおいちゃんやろ」とうわささされていた。検証記事では「うわさが『事実』として語られ始めたのは事件発生の約半年後。1992年8月16日、西日本新聞の特報『重要参考人浮かぶ』が契機になった」と明記し、自社の〝スクープ〟が地域社会に深い傷をもたらしたことを臆することなく描き出した。

〝恩師〟も聖域にあらず

中島、中原らの取材は2年にわたり、「検証・飯塚事件」の連載は２０１８年3月から19年6月まで計83回に及んだ。事件を知らない〝素人記者〟たちの仕事は、警察情報に依拠して

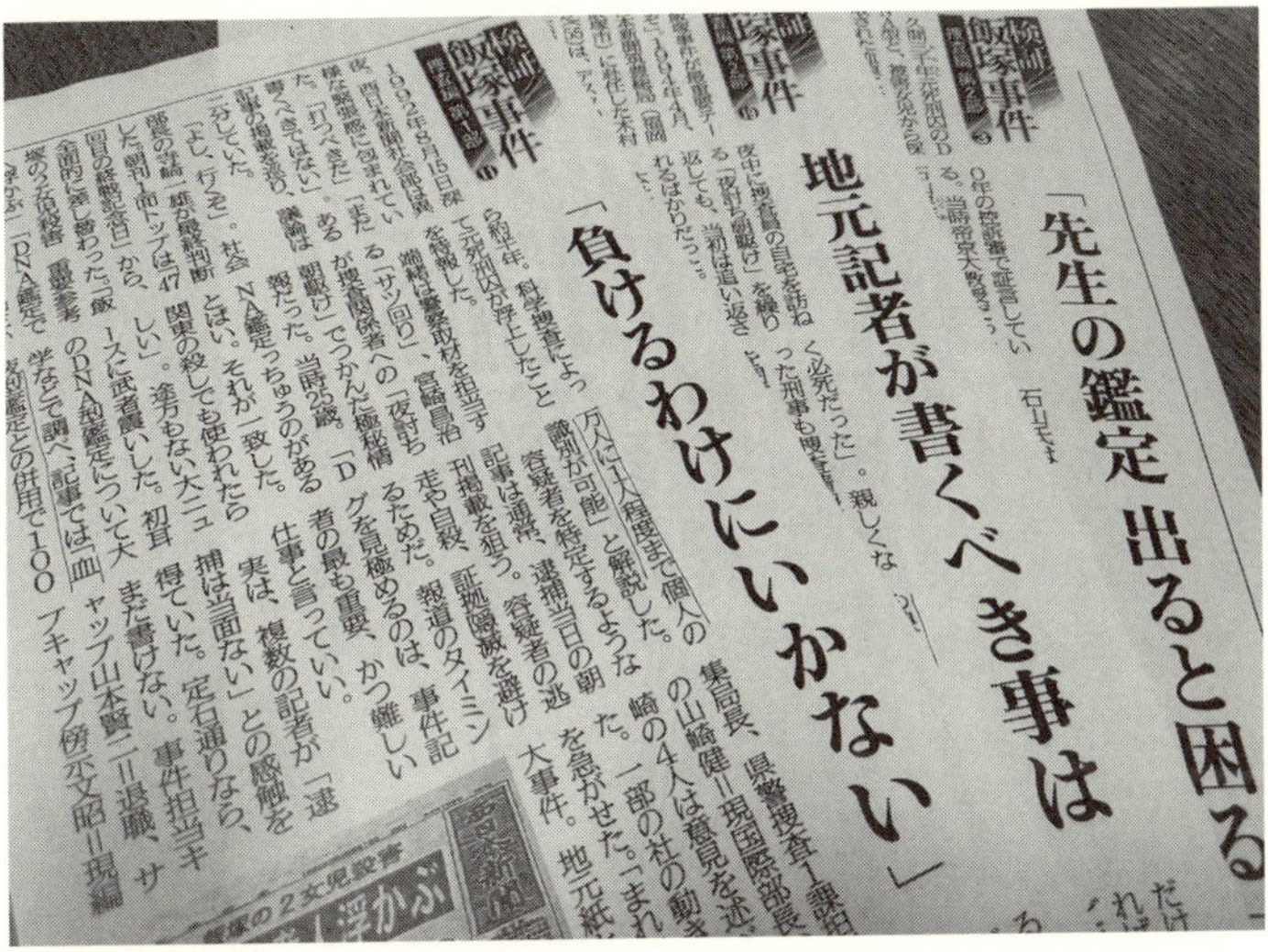

↗ 西日本新聞の連載企画「検証飯塚事件」

きた当時の事件記者のさまざまな盲点をあぶりだした。その白眉はＤＮＡ型鑑定にまつわる警察庁の〝圧力〟を明かした点だろう。

事件発生直後、警察庁科学警察研究所は被害者着衣の血痕と久間のＤＮＡ型について「ほぼ一致する」との鑑定を出したが、別途依頼した帝京大法医学教室の結果は「一致せず」だった。その後の捜査本部からの問い合わせで帝京大の結論は「試料が足りなかったため鑑定ができなかった可能性がある」と変更されていた。

だが裁判に出廷した帝京大教授の石山昱夫《いくお》は「警察庁幹部から（『一致せず』のままでは）捜査の妨害になると言われた」と証言していた。〝圧力〟を掛けてきたのは後の警察庁長官で当時警察庁刑事局長だった国松孝次だった。

取材班の記者は国松に接触しようと試みたがうまくいかない。そこで親交のあった傍示に協力を求めようと考えた。傍示と国松との関係は三十年以上になる。傍示が1984年5月、新人記者として大分に赴任した時の大分県警本部長が国松だった。傍示は夜討ち朝駆けを重ね、昵懇になる。離任後も親交は続き、傍示が手掛けた大型企画「犯罪被害者の人権を考える」では、警察庁長官時代に自身が銃撃事件の被害者となった国松が実質的なアドバイザー役となった。傍示が東京の編集長を終えて帰任するときに送別会を開いてくれたのも国松だった。傍示にとって国松は、いわば〝恩師〟であった。

中島はそんな経緯から、助力を求めても傍示は「自分でやれ」と突き放すだろうと考えていた。深い関係を考えればやむを得ないことだ。ただ担当記者にせめて機会を与えなければと思い、3人で食事の席を設定した。だが傍示から出た言葉は意外なものだった。「手紙を書いて取材の趣旨をしっかり伝えろ。住所は俺から聞いたと書け」

〝恩師〟が疑惑の人として浮上してきたのは傍示にとって皮肉な巡り合わせであった。しかし検証取材は腹をくくって始めた仕事である。〝恩師〟とて聖域ではなかった。

当初、取材を拒否していた国松は「傍示君の頼みなら」と面会に応じたが、圧力を掛けたことは否定した。一方で「事件のことが頭にあるから妥協してくれと言っているように受け止められたかもしれない」「記録もないから飯塚事件の『い』の字も出なかったとは言えない」と証言した。

DNA型鑑定を普及させ、制度として定着させるための予算を獲得したかった警察庁にとって、他の鑑定と結果を異にした帝京大の鑑定は二重の意味でありがたくない存在だったのだ。取材した中原らはその背景と国松とのやりとりを3回にわたって記事にした。

ひそかな自負

2年の検証取材が事件の構図を大きく変えることは結局なかった。「検証を進める中で真犯人まで捉えることができたら」という傍示の夢想は実現していない。しかし中島や中原らの取材で県警の捜査や裁判の審理には見逃せない矛盾や不合理があったことが浮かび上がった。公権力である警察・検察、それをチェックするはずの司法制度が必ずしも信頼に足るものでないことも明らかになった。

2024年6月、福岡地裁は久間元死刑囚の妻が起こした2度目の再審請求を棄却した。女児2人を目撃した女性が「事件当日ではなく別の日だったのに捜査機関に当日だと誘導された」とした新証拠を裁判所は「発生から長い年月が流れ、事件当時の記憶が風化し、不確かなものとなってしまっている」と指摘した。元死刑囚と異なる坊主頭の男が女児2人を車に乗せていたとする男性の新証言についても「車で追い越しざまに目撃した面識のない女の子2名の顔をはっきり覚えているという供述自体、不自然な感が否めない」と切って捨てた。そして警察官には虚偽の供述調書を作る動機がないとまで言い切った。

西日本新聞退社後、TVQ九州放送専務に転じた傍示は10年前の第一次再審請求の時と同様、棄却の報を聞いて「結論ありき」だと思った。そして「死刑を執行してしまった以上、どんな証拠を集めても国がその過ちを認めることは絶対にない」とあらためて確信した。

警察、検察、裁判所にとって再審を容認することは司法の無謬性を裁く〝禁忌〟である。司法に追随してきたこの国のメディアも同じだった。傍示らはそこに重い一石を投じた。傍示が古巣に残しててきた〝遺産〟は後輩たちに引き継がれ、西日本新聞の記者たちにとって飯塚事件はいまだ「未解決で現在進行形の事件」だ。当局の判断次第でニュース価値が定まる現代のメディアにあって、新聞社自身が主体的に問題意識を継続することは稀なケースである。

もうひとつ、彼らが誇るべきは新聞の「聖域」とされた領域にメスを入れたことではなかったか。

「取材の経緯は明らかに出来ません」――。これは外部からの問い合わせに対する新聞・通信社の決まり文句である。この国で取材・編集のプロセスはいわば「聖域」なのだ。彼らはそこに風穴を開けた。外部からの圧力ではなく自らの意思で、記者たちが何を考え、なぜ判断を誤ったかを示してみせた。

傍示がひそかに抱く自負がある。「真実を知りたい」という思いを駆動力に、妥協への誘惑を振り切っていくつもの聖域を突破した。そのことについての自負である。

地元紙として負けるわけにはいかないという焦りで放った92年の「重要参考人浮かぶ」の

〝スクープ〟は書くべきでない記事であった。負い目を抱きながらの四半世紀。取材の前線を離れても事件にこだわり、そこで得た新しい事実を後輩たちと議論した。それは新聞というメディアの誠実さを示しただけでなく、若い記者たちにこの仕事の誇りを植え付ける作業だったのかもしれない。

傍示は「私自身は真実にこだわるという歴代の先輩たちがやってきたことを実践しただけ」と多くを語らないが、飯塚事件報道をめぐる彼らの足跡は、新聞という組織メディアの本質がどこにあるかを指し示しているようにみえる。

1992年	2月	福岡県甘木市で小学女児2人の遺体発見
	3月	福岡県警が久間三千年に同行求め毛髪など任意提出
	8月	西日本新聞が「重要参考に浮かぶ」の"スクープ"
1994年	9月	西日本新聞が「新証拠裏付け終わる」の"スクープ"
		福岡県警が久間を逮捕
1999年	9月	福岡地裁が死刑判決
2006年	9月	最高裁で久間の死刑が確定
2008年	10月	久間の死刑執行
	12月	足利事件の再審請求審で東京高裁がMCT118法を事実上否定
2014年	3月	福岡地裁が飯塚事件の再審請求を棄却
2016年	7月	傍示文昭が東京支社次長兼編集部長に転任
2017年	6月	傍示が編集局長に就任
2018年	2月	福岡高裁が再審請求の即時抗告を棄却
	3月	「検証・飯塚事件」連載開始(～19年6月)

↗ 西日本新聞の飯塚事件報道

注

†1――DNA型鑑定（MCT118法）：警察庁の科学警察研究所が1989年に開発したDNAの塩基配列の特徴を利用した個人識別法。第1染色体にあるMCT118部位の16塩基の繰り返し数に個人差があることを使って識別し、一致の確率は「1000人に1・2人」と言われた。90年代には100件以上の捜査に利用されたが、古い試料の検査には向かないなど証拠能力に疑問が浮上し、現在は使われていない。

†2――足利事件：1990年5月に栃木県足利市のパチンコ店駐車場から4歳の女児が行方不明になり翌朝に近くの渡良瀬川河川敷で遺体が見つかった事件。MCT118法による鑑定が決め手となり91年に幼稚園バスの運転手を逮捕し、裁判で無期懲役が確定したが、その後最新の手法でDNA型を再鑑定した結果、遺留物と一致しないことが分かり2009年に釈放された。

†3――「プロメテウスの罠」：朝日新聞が2011年10月から16年3月まで掲載した福島第一原発事故をテーマとした連載記事。原発事故の避難者、自衛隊員、病院、除染など多角的なテーマを調査報道的な手法で描き出し、2012年度の日本新聞協会賞を受賞した。

参考資料

NHKBS1スペシャル「正義の行方～飯塚事件30年後の迷宮」、日本テレビ・福岡放送共同制作「NNNドキュメント'22　死刑執行は正しかったのかⅢ～飯塚事件・真犯人の影～」

第2章

信頼

読者と取材先の狭間で

琉球新報「沖縄防衛局長オフレコ発言」報道

琉球新報の政治部基地問題担当・内間《うちま》健友《けんゆう》（33）が那覇市の繁華街にある懇談会場の居酒屋に駆け付けたのは2011年11月28日の午後8時半過ぎだった。8月に沖縄防衛局に着任したばかりの田中局長が呼び掛けた懇談会が始まって既に30分以上経っていた。

離れた席だったからこそ

「仕事が遅いので遅れてしまった」内間は、横に3つ並んだ丸テーブルの局長から最も離れた空いた席に座った。

懇談会は田中が冒頭で「きょうは完オフだからなんでも聞いて」と呼び掛け、途中参加の内間もそのことは知っていた。出席したのは防衛局担当の全国紙、地元紙、通信社など男性記者ばかり9人。防衛局側は田中と報道室長の2人だけで、1つのテーブルに3〜4人が座り、記者の問いに田中が答える形で進んだ。個室ではなく、近くには他の客もいた。

話題の中心は米軍普天間飛行場の辺野古移設問題。特に米国側と年内提出を約束したとされる政府の辺野古埋め立て環境影響評価書[†1]の提出時期が最大の焦点だった。

問題の発言があったのは会合が始まって1時間半ほどたった午後9時半ごろだった。内間が「(提出時期を)なぜ年内とはっきり言わないのですか」と問うた。内間は田中から離れた席だったため、聞こえるように声を張り上げたのを覚えている。すると田中も声のトーンを上げてこう言った。「犯す前に犯すと言いますか」

内間はこの時のことを「一瞬何を言っているのか分からず、再質問することができなかった」と話す。すると隣席の他社の記者が、強姦になぞらえて言ったことだと小声で解説してくれた。ただ各社がこの発言を問題視するような雰囲気はなかった。

内間はこう回想する。「後から考えれば席が離れていたからこそ田中さんの声も大きく、多くの記者がこの発言を共有した[†2]。近くにいて自分しか聞いていなかったらどうだったか……」。遅れて参加しことが内間にとって〝僥倖〟だったと分かるのは後のことだ。

**「これを書かずにやり過ごせば
県民・読者への
裏切りになるのではないか」**

3分の黙考

内間が発言の意味を確信するに至った材料がもう一つあった。「この発言の前だったか後だったか覚えていないが、田中さんはマッキー司令官の話をしていた。だから『犯す』が強姦のことを言っているのだと合点がいった」

マッキー司令官とは1995年に本島北部であった少女暴行事件[†3]の直後に「（容疑者の3米兵が）レンタカーを借りるカネがあれば女が買えたのに」と発言したリチャード・マッキー米太平洋軍司令官のことだ。田中は懇談会でその話を自ら持ち出し、「その通りだ」と司令官の言い分を肯定していた。

確信を持った内間は懇談会の最中に政治部の携帯メール網[†4]でこの一件を報告している。しかし、社内は朝刊編集作業の真っ最中。内間のメールに気付いたデスクや記者は少なかった。

懇談会が終わったのは午後10時半過ぎ。内間は会場の居酒屋を出るとすぐに政治部に電話をした。その日のデスクは政治部長の松元剛《まつもとつよし》（46）。経緯を伝えた内間は「県民を侮辱する発言ではないかと。書かないといけないと思います」と話した。松元は「本当にそんなことを言ったのか」と重ねて聞いたが、内間の記憶は鮮明で核心部分に揺らぎはなかった。

松元は当時を振り返ってこう語る。「イケイケの記者が多い中で内間はどちらかというと冷静沈着、人柄は誠実で自己主張の少ないタイプだった。電話の口調も淡々としていて、彼の言っている内容は間違いないと確信した」

それでも松元はすぐにゴーサインを出したわけではない。「3分考えさせてくれ」と言っていったん電話を切った。何より最大の問題は懇談がオフレコだったことだ。

オフレコ懇談は、取材対象にとって直接書かれては困るテーマの背景や舞台裏を理解してもらうために行うのが一般的だ。記者にとってもオフレコでないと明かされない事情や、記者自身の疑問を解消するために必要な取材方法として定着している。それを守ることは信義則でもある。しかし今回の発言はそうした本来の趣旨から外れ、沖縄で防衛政策の最前線に立つ官僚がどのような認識で辺野古移設問題と向き合っているかを示すものだ。米兵による強姦や人権を蹂躙した事件[†5]がやまない中で、沖縄と本土政府との関係を被害女性と強姦犯にたとえる感性は、そのまま辺野古問題での政府のホンネを表しているのではないのか――。報じるべきだ、と松元は考えた。

そしてもう一つ頭に浮かんだのは、これを書かずにやり過ごせば県民・読者への裏切りになるのではないか、ということだ。この発言を、官僚の姿勢や辺野古問題の背景を理解する材料にとどめ置く。あるいはすぐに書かずに追加取材をして後日報じる。そうした選択肢も頭に浮かんだ。しかし、この発言は今後の取材のための「材料」ではなく、為政者の姿勢を示す「本質」的な事柄に思えた。先延ばしする理由はない。オフレコだったから報じなかったでは、それを知った県民・読者は新聞に失望するだろう。沖縄の新聞が書かないでどうするんだ――。松元のハラは固まった。

「打て、打て、打て」

だが、感情に任せ「許せない」と勢いで書くのはプロではない。松元は熱くなる頭を意識的にクールダウンさせ、やらなければならないことを整理した。まずは自分たちがオフレコ懇談の中身を敢えて報じる根拠を踏み固めることだ。心の中で思ったことを頭の中で組み立てなおさなければならない。だが時間がなかった。松元はその前に社内合意を取り付け、防衛局に通告する作業を優先した。

内間に電話し「これは書こう。防衛局に記事にすることを通告しろ。局長か少なくとも局側のコメントを取れ」と伝え、急いで社に戻るよう指示した。並行して日々の編集の総元締めである報道本部長の普久原均《ふくはらひとし》（46）に連絡した。普久原はその晩、地元銀行との懇談の席にいた。携帯電話で黙って経緯を聞いていた普久原は松元の説明が終わるとこう言った。「打て、打て、打て」。

普久原の脳裏をよぎったのは、1995年10月、当時の江藤孝美総務庁長官がオフレコの約束を交わした記者との懇談で「（韓国が）植民地時代、日本はいいこともした」との発言を、韓国の東亜日報が報じた一件だった。懇談の場にいた記者がオフレコであることを忖度して東亜日報に漏らしたためとされた。問題発言だと思ったならなぜ通告して自分で書かないのか。海外メディアに委ねるのは自分たちの読者に対する背信行為ではないのか――。思わず口をついて出た「打て、打て、打て」は、その当時の違和感と田中発言への怒りがない交ぜになったものだった。普久原は「どんな嫌がらせに遭ってもいい。読者の知る権利に応えよう」と言って電話を切った。

松元が普久原、さらに編集局長の玻名城泰山《はなしろやすたか》の支持を取り付けたのは午後11時半ごろ。締め切りまで1時間しかなかった。松元の胸にはオフレコを破ってでも書かなければならないとの思いとともに、「これは独り旅になるな」という覚悟があった。内間からの報告で防衛局は発言を認めず出入り禁止を示唆してきたという。オフレコの懇談でありメモも録音もない中で、他社が追随してくる可能性は低かった。

整理部に一面の大幅差し替えを要請しながら政治部の携帯メール網をのぞくと、前線の記者たちから「許しがたい発言」「絶対書くべき」などの檄文が多数入っていた。中には次の日の出稿メニューのアイデアを並べてくる記者もいた。覚悟の独り旅だったが、胸に熱いものがこみ上げた。

ドタバタの中で

内間は帰社してすぐ記者端末のパソコンに向かい、20分ほどで約500字の原稿を仕上げた。締め切り間際でもあり、記事は最低限の要素を盛り込んだ本記1本。見出しは「『犯す前に言うか』　辺野古評価書提出めぐり　田中防衛局長」。版を組む整理部では「横見出しの方が迫力がある」との意見があったが、作業が早い4段のタテ見出しとし、主見出しは白抜き

琉球新報

THE RYUKYU SHIMPO

第36958号

2011年（平成23年）11月29日 火曜日

「犯す前に言うか」

辺野古評価書提出めぐり

田中防衛局長

懇談会で、反発必至

八重山教科書

県と

3教

↗ 田中発言を報じた11月29日付琉球新報朝刊

にした。

後講釈だが、この記事にはいくつか疑問点がある。一つはオフレコの懇談であったことが明記されていないことだ。これについて松元は「前文で『報道陣との非公式の懇談会の席で』と書いたことで意を尽くしたつもりだった。オフレコについては次の朝刊でしっかり書く予定にしていた」と話した。

もう一つは田中が懇談の席上「車を借りるカネで女が買えた」というマッキー司令官の発言を肯定していたことに触れていない点。松元が内間に「『侵す』ではなく『犯す』なのだな」としつこく聞き、「犯す」に間違いないと納得したのも田中のマッキー発言があったためだったが、記事にはそのくだりが抜け落ちていた。松元は「時間がなく注意が足りなかった。書いておけばよかった」と述べた。

松元らが残り少ない時間を割いたのは、オフレコを破って報じることの論拠を整理することだった。1996年2月に日本新聞協会編集委員会がまとめた「オフレコ問題に関する見解」[†6]ではオフレコの順守には「道義的責任がある」としながら「乱用されてはならず、ニュースソース側に不当な選択権を与え、国民の知る権利を制約・制限する結果を招く安易なオフレコ取材は厳に慎むべき」とあった。また新聞労連が97年2月に採択した「新聞人の良心宣言」[†7]は「権力・圧力からの独立」の項で「政治家など公人の『オフレコ発言』は、市民の知る権利が損なわれると判断される場合は認めない」「自らの良心に反する取材・報道の指示を受けた場合、拒否する権利がある」とうたっていた。

　発言は双方がオフレコ想定していた政策的なテーマではなく、辺野古問題に向き合う政府の体質を表したものだ。これを報じないことは「国民、市民の知る権利」を新聞が「損な」うことになる――これらの文書を読みながら、松元の考えは少しずつ整理されていった。

　ドタバタの作業の中、午前零時半過ぎに版が降りた。午前2時ごろ帰宅した松元は「うちの単独行だろうし、明日から大変だな」と思いながら缶ビールを1本飲んで寝た。内間は「メモもなく自分の記憶だけが頼りだったことが不安で」帰宅後も眠れずにいた。明け方近くになって布団を飛び出し、終夜営業している自宅前のマッサージ店で体をほぐしてもらった。夜が明けると、2人が予想もしていなかった展開が待っていた。

全社後追いの背景は

前夜、デスクとしてゴーサインを出した松元が出勤したのは29日午前8時半ごろ。記事内容の否定、後追いしない各社、オフレコ破りへの批判、そして孤立……さまざまな外圧を想定しながらの気の重い朝だった。

だが事態は予想外の展開をみせた。松元はこの日、以前から予定が組まれていた関連会社の社会人再就職支援セミナーに講師として出席するため本社から少し離れた会場に直行し、午前中はそこで缶詰状態だった。気もそぞろだったが、しばらくすると政治部の携帯メール網に連絡が入った。時事通信、読売新聞、朝日新聞が自社のネットニュースで田中発言を相次いで報じ始めたという。懇談会に出席していなかった共同通信も支局長が琉球新報に事実確認をしに来たらしい。

背景は分からなかったが、松元は「これで独り旅は免れた」と安堵した。

なぜ各社はすぐに後追いしてきたのか。オフレコの約束はどこかの社が報じた段階で事実上失効するとも言われている。その内容や経緯にもよるが、今回の場合、各社も田中発言を見過ごせない問題だとあらためて考えたようだ。裏返せば、オフレコだったからといって自社だけその信義を守り続けるとすれば、読者に説明ができない。そんな思いが広がったことは想像に難くない。逆に報じなければ〝特落ち〟になりかねなかった。

こうしたケースでは事実確認に手間取ることもあるが、その懸念もなかった。前述したとおり、問いを発した内間と田中の席は離れていた。このため田中は声のトーンを上げて応答し、出席した記者9人の大半は問題発言をしっかりと耳にしていた。

　こんな話もある。ある県政記者の話では、この日の朝一番で田中は知事の仲井真弘多に緊急のアポを入れた。知事周辺によると報道内容の否定を伝えるためのアポだった。ところが田中が県庁に向う途中、懇談会に出席した某社の後追い記事が詳細だったことから会合での発言がひそかに録音されていた可能性が浮上し、知事への釈明を断念したという。ただ、この話の真偽は確かめられなかった。

　その後の流れは一瀉千里だった。相次ぐ報道を受けて野田佳彦政権[†8]の藤村修官房長官は午前の定例会見で「事実なら看過できない」と指摘。与党民主党幹部や閣僚からも批判が相次いだ。出張先から帰任した仲井真知事は空港で「口が汚れるのでコメントしない」と強い不快感を示した[†9]。防衛省は急きょ田中を上京させて午後に事情を聴く方針を固めた。

　防衛相の一川保夫は昼の段階で田中の更迭に言及。全国紙夕刊は全社が一面で問題発言と防衛局長更迭を報じた。田中は29日夜、沖縄防衛局長の職を解かれた[†10]。

「記者は読者の代わりに取材の現場にいる。
そこで得た情報は
本来読者のものではないか」

情報は読者に返す

それにしても田中はなぜこのような不見識で軽率な発言をしたのだろうか。評価書提出の時期を言いたくないのであれば、いくらでも別の言い回しができたはずだ。その点について松元は「サービス精神と過信のせいではないか」と推察する。

田中は防衛局長になる15年前の1996〜98年に沖縄防衛局（当時は那覇防衛施設局）[11]に施設企画課長として赴任している。このポストは将来有望な若手が座るとされ、当時取材した松元も田中を「誠実で謙虚な好人物」と記憶していた。ところが局長として赴任した時に挨拶した際には人柄が変わったようにみえた。「周囲をなごませるためにざっくばらんに面白おかしい話をするのはいいが、その裏に『俺は沖縄のことは知っている』という過信も見えた。話が軽くてちょっと危ないなと思った」という。

田中の更迭を受けて琉球新報は夕方に2200部の号外を刷り、那覇市内で配布した。そして朝刊作業である。夕刊のない琉球新報としては、この一日にあったことはすべて朝刊に反映されることになる。一面トップは「田中防衛局長を更迭」で決まり。2面に解説と社説[†12]、県政財界の反響を置き、3面に連載企画、そして中面でオフレコ懇談での発言を報じた論拠を示すサイド記事を掲載した。

7面トップ3段で扱ったサイド記事の見出しは「『知る権利』優先　本紙、オフレコ懇談報道」。前文で「『オフレコ』形式の懇談だったが、琉球新報は読者に伝える責任があると判断して報道に踏み切った」として、田中発言がオフレコという信義則を破ってでも伝えなければならない内容だったとの判断を強調した。本文では前半で懇談の様子を記し、後段で「(オフレコであっても)公共・公益性があると判断した場合、メディアは報道する原則に戻るのが大前提となる」とした山田健太専修大教授(言論法)の談話を載せた。

このサイド記事をつくるに当たって、あるいは外部からの問い合わせに備えて報道本部長の普久原、政治部長の松元ら編集局幹部は何度か意見を交わした。松元は「オフレコ取材でバックグラウンドを理解するのも県民や読者の知る権利に応える報道手段の一つだ。ただオフレコは本来、取材相手と1対1の場で成り立つもので乱用されてはならない。あのケースは『誰のために、何のために、何をどう書くのか』という我々の報道姿勢が問われた」と述懐する。

普久原は「記者は読者の代わりに取材の現場にいる。そこで得た情報は本来読者のものではないか。人命やプライバシーに関わるもの以外の情報は本当の持ち主である読者に返すのが原則だと私は思った」と話した。

「新聞人として恥ずかしい」

彼らが報ずるに至った思考過程を筆者なりに解釈するとこういうことだ。2人はもちろんオフレコ取材を全否定しているわけではない。ただ政治家や官僚がオフレコ取材を多用することに記者が不感症になっていないかとの危機感が常日頃からあった。オフレコはあくまで例外的な取材なのに、それを安易に容認する。書くことを前提とした困難な取材を放棄し、書かないことを前提とした易きに流れる。そして、どのような発言も「オフレコだから」と機械的に思考停止してしまう、そのことへの危惧だ。

まずは書くことを前提とした困難な取材に挑むこと。やむを得ずオフレコの約束を交わしても、それは何を言っても書かないということを意味するわけではない。オフレコの約束は重要な信義則だが、その信義則の再考を迫られるようなケースは、まれにだがある。その分水嶺は、禁を破ってまで書くことにどれだけの説得力があるか、ということだ——。

しかし当時、後追いした新聞各社すべてがこうした琉球新報の姿勢を支持しているわけではなかった。「発言の重大性を鑑みれば報道するのは当然だろう」と社説で明確に賛意を示したのは東京新聞のみ。朝日、毎日新聞は琉球新報の取材方法の是非には触れず、自社の記者

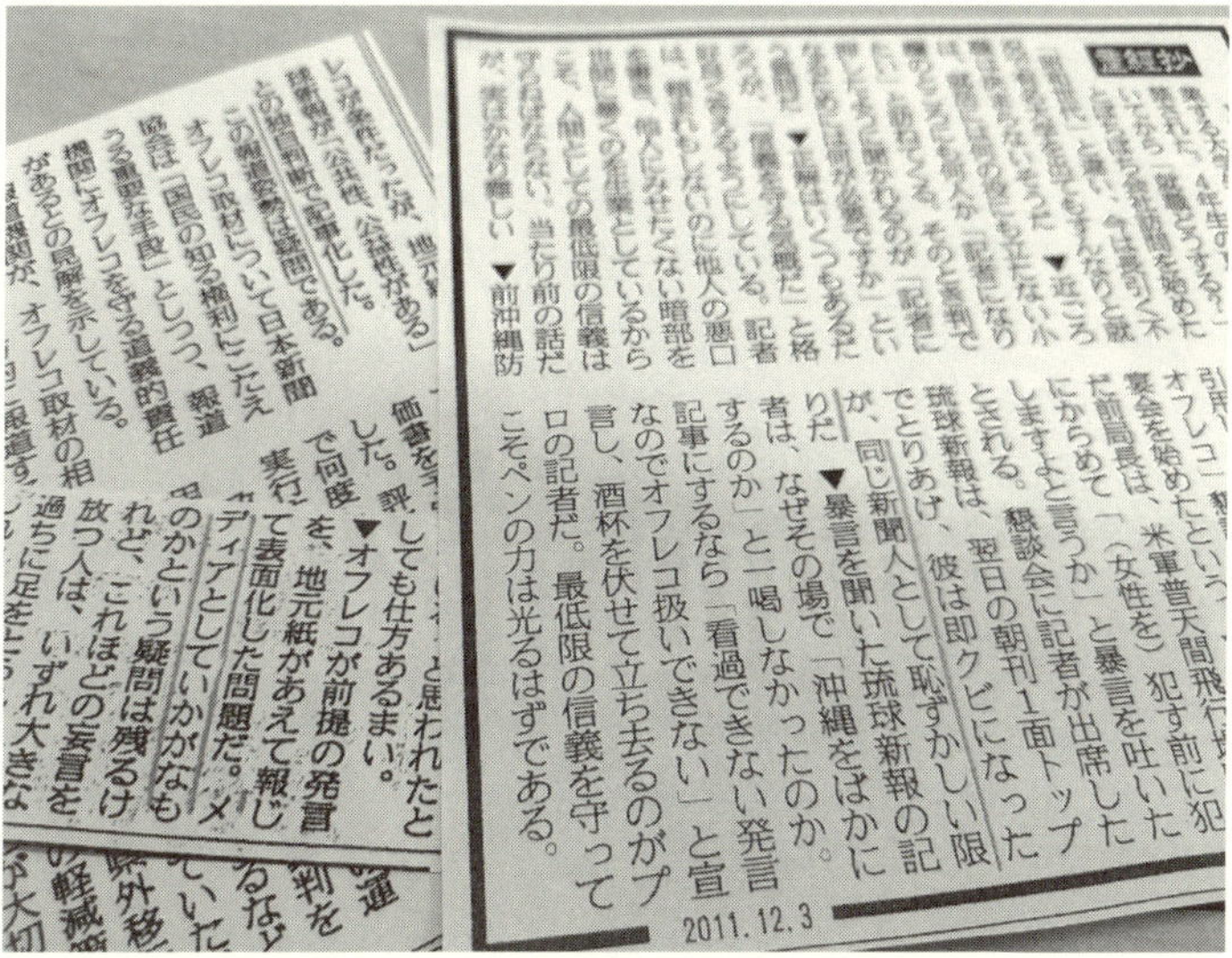

……とされる。懇談会に記者が出席した琉球新報は、翌日の朝刊1面トップでとりあげ、彼は即クビになった。▼同じ新聞人として恥ずかしい限りだが、暴言を聞いた琉球新報の記者は、なぜその場で「沖縄をばかにするのか」と一喝しなかったのか。記事にするなら「看過できない発言」と宣言し、酒杯を伏せて立ち去るのがプロの記者だ。最低限の信義を守ってこそペンの力は光るはずである。
2011.12.3

↗ オフレコ破りを批判した産経、日経のコラムと読売の社説

がその場にいなかったことを言及するにとどめた。

一方、読売新聞は12月1日の社説で「報道機関が、オフレコ取材の相手の了解を得ず一方的に報道するようだと、取材先の信頼関係が築けず、結果的に国民の知る権利の制約にもつながりかねない」と苦言を呈し、日本経済新聞も一面コラムで「メディアとしていかがなものかという疑問は残る」と指摘した。

最も辛辣だったのは産経新聞の12月3日一面コラムだ。記事は、記者にとって「信義を守る気概」が最も必要なこととし、琉球新報の報道を「同じ新聞人として恥ずかしい限りだ」と断じている。そして「琉球新報の記者は、なぜその場で『沖縄をばかにするのか』と一喝しなかったのか。記事にするなら『看過できない発言なのでオフレコ扱いできない』

と宣言し、酒杯を伏せて立ち上がるのがプロの記者だ。最低限の信義を守ってこそペンの力は光るはずである」と結んだ。

目的と手段の倒錯

こうした言説をみると、現代の日本の当局取材にあって、オフレコを守ることがいかに死活的な問題なのかが分かる。

そのキーワードは「信頼関係」だろう。読売が唱える「結果的に国民の知る権利の制約」につながりかねないという懸念は、当局との信頼関係が壊れその後の取材に支障をきたす、あるいは情報をとれなくなることの方が読者にとってマイナスだとの考えに基づく。取材の継続性を重視するということだ。

産経も「信義を守る気概」が記者にとって最も必要とし、記者としての在り方や振る舞いを訴えている（一喝して席を立つという作法も実態としてオフレコを破る、つまり信義に背くことには変わりはないようにみえるが……）。

留意すべきは、両社の言う信頼関係や信義が、あくまで記者と取材対象とのそれを指している点だ。取材相手からみた場合の「信頼」とは「この記者は人間性や能力が優れているから」というよりも「自分に不都合なことは書かないはずだから」という側面が色濃い。人柄や仕事へのリスペクトではなく、ドライな安全保障上の「契約」である。それは良し悪しではなく、取材という行為につきまとう〝必要悪〟のようなものかもしれない。

　これに対して琉球新報が重視したのは読者との信頼関係だった。取材対象との信頼関係は読者との信頼関係を築くため、継続的、安定的に情報を得るための「手段」の一つであり「目的」ではないということだ。オフレコでのどのような問題発言も報じないことが最優先すべき信頼関係だとしたら、それは「目的」と「手段」が倒錯した、記者を続けていくための保身に過ぎないと彼らは考えた。

　普久原にあらためて聞くと「バックグラウンドを知るという意味でオフレコ取材は重要な取材方法の一つであり、当然その信義は守る義務があります。しかし無条件で何を言っても書きませんと約束しているわけではない。田中さんの発言は政策的なテーマとは違う次元の沖縄への侮蔑であり、そこまでオフレコの約束はしていないということです」と話した。

　田中の発言が問われたのはその内容ではなく、彼の表現手段である。「評価書の提出時期は言えない」という内容自体にはニュース性はない。琉球新報が発言を報じた理由は、「犯す前に――」という表現に沖縄への差別をみたからであり、それは事前に交わしたオフレコの範囲とは別次元の問題と考えたためだ。

　付言すると、琉球新報は「犯す前に――」という発言以外、懇談の席上で出た話にはその後も一切触れていない。一方、オフレコ破りを批判した本土紙の中には、政策的な話も含めてそれ以外の懇談内容を詳細に報じた社もあった。

構造的差別

では懇談会に出席していた本土紙の記者が田中の発言に反応できなかったのはなぜなのか。それはオフレコだからという以前に、沖縄がどのような歴史を背負ってきたかという問題意識の違いだろう。読売や産経もその後の紙面で田中の物言いを批判しているが、それは「不謹慎」な例え話を「軽率」に持ち出したということへの批判である。

これに対し、内間や松元らが想起したのは本土の防波堤とされ県民の4人に1人が戦死した沖縄戦であり、絶え間なく続く米兵による強姦・強盗などの人権蹂躙事件であり、その犯人を裁判にかけないことを許す日本政府だった。それらは沖縄が絶えず訴え続けてきた構造的差別であり、米軍普天間飛行場の閉鎖は日米両政府がそれを理解したからこその合意のはずだった。

だが、辺野古埋め立てを「犯す」と言い、女性をカネで買うことを当然視する。こうした人々がいまだ沖縄の基地問題の最前線にいる。彼らの施政がこの根深い差別意識を下地にしていることこそが問われるべきではないか。オフレコ懇談の発言を敢えて紙面化したのは、構造的差別が何ら変わっていないことを端的に表していたからだった。

歴史を知ることは沖縄を報じる最低限の資格要件であるが、本土の新聞は活字では「沖縄への差別」を書きながら、そうした重い歴史を携えながら取材する記者ばかりとはいえない。その構図は、かつて沖縄担当相を兼務していた菅義偉官房長官が沖縄の歴史を説く翁長雄志知事に向かって「戦後生まれなので歴史を持ち出されたら困ります」とうそぶいた場面と重なる。[†13]屈辱の歴史に関する本土と地元の間の溝こそが、沖縄問題の正体であり核心だとすれば、今回のケースはその橋渡しをするはずのメディアの間にもその溝が深く横たわっていることを示しているといえる。

惑星直列ではなく……

では、オフレコの範囲を超える発言とはどのようなものなのか。その線引きは必ずしも明確ではなく、記者、デスク個人によって異なるはずだ。あらかじめ想定されたオフレコの範囲外であるとの判断、あるいは信義則を破ってでも読者に伝えるべき重要性や緊急性があるという判断……。その判断が妥当だったかどうかは世論とその後の歴史が決することになるのだろう。

初報の当日から翌日にかけて、琉球新報には読者から約１００本の電話があった。９割が「よく書いてくれた」「絶対許せない」など評価と激励だった。県外からも20本ほどの電話があり、評価とオフレコを報じたことへの批判が半々だったという。

田中の発言を世に問う決断をした松元は２０２２年まで編集局長を務め、その後は広告と事業を担当する常務取締役。松元の訴えに「打て、打て、打て」と応じた普久原は２０２２年から社長を務めている。

普久原に聞いた。オフレコを破って書くことは一つ間違えれば新聞社や記者自身の信頼をリスクにさらす危うい行為だ。当時、あなたを含めた3人が惑星直列のように要路にいなければあの発言は永久に埋もれていたのではないですか——。普久原は直接答えず、こう言った。「報道の翌日だったか、比嘉辰博さんという元社長がわざわざ来社して『よくぞ書いた』と言って帰られた。こうした仕事を称揚する空気がこの新聞社にあるからこそ、ではないですか」

定型も即興も

章の最後に、あの日、田中の発言を耳にして「書くべきです」と電話をしてきた内間のその後を記しておく。2017年6月、内間は琉球新報を退社した。いくつかの理由があった。一つは「40歳になる前に少し長い時間軸で仕事がしたい」と考えたから。じっくり型の内間にとって日々の速報が主体の仕事は必ずしも相性がいいものではなかったようだ。「新聞社の仕事は刺激的で楽しかったが、取材先との懇談で際どい話にお追従笑いをする業界の雰囲気が馴染めなかった」

もう一つは兄の存在だった。内間の兄は2016年にM-1グランプリで準優勝したスリムクラブの内間政成。取材に行くと、琉球新報記者ではなくたいてい「ああ、内間の弟か」と言われた。人気を博す兄貴と比べ、記者の仕事もしっくりこない自分はなんだか置いていかれたような気分だった。

自分探しのような格好で社を辞めた内間は、フリーライターとして沖縄の文化やスポーツの取材を重ねて県内の季刊誌に発表した。活躍するウチナンチュにインタビューしてテープに取った話を何度も何度も聞くうちに、相手の思いが自分の中に染みわたっていくのを感じた。速報が中心の新聞社ではなかなかできない至福の仕事だった。

中でも心に響いたのは2人の人物だ。1人は首里高校時代の同級生のドラマー。アドリブこそ音楽の命だと思っていた内間に、彼は「定型の楽曲を弾くのも即興も、自分にとって違いはない。自分が選んでそれを弾いていることが大事だ」と彼は語った。「自由」を求めて社を辞めた内間にとっては意外な言葉だった。

もう一人は兄の政成だ。長い時間、兄に話を聞くうちに嫉妬やわだかまりが少しずつ消えていった。いや、嫉妬と感じたものは自身の頑ななこだわりを覆い隠す口実であったのかもしれない。内間にとって兄と向き合うことは自分と向き合うことでもあった。

2024年4月、内間は約7年ぶりに琉球新報に戻った。正社員ではなく契約社員だ。前年秋にかつての上司から「手伝ってくれないか」と声が掛かったのがきっかけだが、内間自身も〝定型の楽曲〟を、受け身でなく、自分の意思で弾きこなすことに挑戦してみたいと感じていた。定期収入を得ることで、即興の仕事の自由さを確保したいとの思いもあった。いまは午後4時半に出勤して整理部で紙面のレイアウトなどを担当する一方、昼間はフリーライターとして「長い時間軸」の仕事を継続している。

1995年10月	宝珠山昇・防衛施設庁長官	米軍用地の強制使用問題で「村山富市首相は頭が悪いからこんなことになった」と記者懇談で発言したことが報じられ更迭。
1995年10月	江藤隆美・総務庁長官	記者懇談で「植民地時代に日本は韓国によいこともした」と発言。これを韓国の東亜日報が報じて辞任。
2002年5月	福田康夫・官房長官	記者懇談で非核三原則の見直しに言及。政府首脳として報じられたが、その後正式な記者会見で本人が発言そのものを否定。
2009年3月	漆間巌・官房副長官	西松建設の巨額献金事件について「自民党議員へ波及する可能性はないと思う」と懇談で述べ、共同通信が政府高官として報道。河村建夫官房長官が漆間氏だと明言。
2011年9月	鉢呂吉雄・経済産業相	福島第1原発視察後に議員宿舎に帰宅した際、記者団に対し「放射能をつけちゃうぞ」と発言。翌日の会見で「原発周辺は死の町」と述べたことと併せ辞任。
2011年11月	田中聡・沖縄防衛局長	那覇市での懇談で辺野古環境影響評価書の提出時期めぐり「犯す前に犯すと言いますか」と述べたことを琉球新報が報じて更迭。
2023年2月	新井勝喜・首相秘書官	記者懇談で同性婚について「隣に住んでいたら嫌だ」と述べたことを毎日新聞が報じて更迭。

↗ 主なオフレコ発言報道

注

†1――環境影響評価書：事業主である政府が辺野古沖の埋め立てで公害や環境破壊がどの程度あるかを調査し、事業実施の妥当性を評価した文書。新基地建設に向けての重要なステップで、当時はその提出時期が焦点になっていた。評価書は反対派が抗議する中、2011年12月28日午前4時過ぎに沖縄県庁守衛室に搬入された。

†2――発言の共有：朝日新聞は内間よりも遅れて懇談会に参加し、田中の発言時には不在。沖縄タイムスは最初から参加したが、席が遠く発言を聞き漏らしたという。

†3――1995年の少女暴行事件：9月4日午後8時ごろ、本島北部の商店街で買い物をしていた女子小学生を米兵3人が車で拉致し、近くの海岸で強姦した事件。日米地位協定で日本側に身柄が引き渡されなかったこともあって反米感情が爆発。約8万5千人が参加した県民総決起大会など復帰後最大の抗議活動が展開された。

†4――政治部の携帯メール網：鳩山由紀夫首相が普天間飛行場の県外移設を断念した2010年の夏、政治部長の松元剛が政治部員らの基地問題の情報共有のために設営したメーリングリスト。

†5――米兵による強姦や人権を蹂躙した事件：1972年5月に沖縄が日本に返還されて以降も米兵による強姦や強盗、ひき逃げなどの事件は間断なく続いた。日米地位協定によって犯人が基地に逃げ込めば警察は事実上身柄を拘引できなかったため被害者が泣き寝入りせざるを得ないケースが相次いだ。

†6――「オフレコ問題に関する見解」：江藤総務庁長官の「植民地時代、日本はいいこともした」と述べたことが韓国で報じられ国際問題に発展。日本の報道各社がオフレコ解除を求めるなど混乱したことを受けて日本新聞協会の編集委員会が1996年2月にまとめた。

†7――「新聞人の良心宣言」：新聞労連が1997年2月に開いた臨時大会で採択した。「権力・圧力からの独立」「市民への責任」「批判精神」「報道と営業の分離」など10項からなる。

†8――野田佳彦首相：野田首相は報道があった2011年11月29日を通して記者団の問い掛けに無言を貫いた。翌30

日朝に「沖縄県民の皆様に心からおわび申し上げたい」と述べた。今回、筆者は更迭の経緯やオフレコ問題について取材を申し込んだが、秘書を通して「その件についてはお話できない」と拒否してきた。

†9——「口が汚れる」：沖縄では嫌悪感を表す最も強い表現とされる。仲井真知事は空港で公用車に乗り込む際にこの言葉を2度も繰り返した。

†10——沖縄防衛局長更迭：田中氏は防衛省の事情聴取に対して「『犯す』という言葉を使った記憶はない」としながら、「乱暴にすれば男女関係で言えば犯罪になりますからと言った趣旨の発言をした。女性や沖縄の方を傷つけ、不愉快な思いをさせたことをお詫びしたい」と述べた。

†11——那覇防衛施設局：防衛施設庁の地方拠点の一つだったが、2007年9月に施設庁の廃止・統合に伴い沖縄防衛局に衣替えした。

†12——解説と社説：解説は県政キャップだった島洋子（松元の後任の編集局長）が担当し「繰り返す〝だまし討ち〟沖縄差別あらわに」と題して、沖縄基地をめぐる日本政府のこれまでの説明が虚偽の積み重ねだったことを指摘した。「沖縄は凌辱の対象か」と題した社説は「基地政策に携わる官僚の意識の中には、多かれ少なかれ『沖縄は永久に被害者であり続ける』という差別感覚が潜んでいる」とし、「だから、（中略）沖縄に基地を押し付けるという結論しか導き出せない」と綴った。

†13——菅長官の発言：2015年夏、国と沖縄県は辺野古新基地建設をめぐる集中協議を行った。その最終盤、翁長知事は明治政府が武力を背景に琉球王国を併合した琉球処分から始まる沖縄の苦難の歴史を切々と訴えた。その時、返ってきた菅長官の言葉がこれだった。法政大学で菅と同窓だった翁長は悄然として「お互い70年間も別々に生きてきたような感じがしますね」と述べ、会談は打ち切られた。

第3章

象と蟻

現場奮い立たせた社長論文

秋田魁新報「イージス・アショア」報道

「何であんなものを書いたんだ。魁なんてもう取りたくないよ」。地元の有力財界人は、秋田魁新報社長・小笠原直樹（66）に向かって面罵した。2018年10月に秋田県南部で開かれた大手企業のパーティーでのことだった。

地元財界からの面罵

怒りの矛先は小笠原が7月16日付朝刊一面に署名入りで書いた「兵器で未来は守れるか」という論文だ。地上配備型迎撃ミサイルシステム「イージス・アショア」[†1]の自衛隊新屋《あらや》演習場（秋田市）への配備計画をめぐり、社長自らが筆を執り「反対」の立場を鮮明にした内容だった。

小笠原はそこで「新聞社の役割の第一は、読者に成り代わって政府や権力者の行為を監視し、再び戦争に駆り出されることのないよう言論の力をもってチェックすることである」としたうえで、秋田魁が掲げる不偏不党について「それはすなわち、賛否の分かれる問題から

↗ 秋田魁の1面に掲載された小笠原論文

逃げ、両論併記でその場をやり過ごすことでは
ない」と指摘。安全保障を考えるに当たっては
「戦争に突き進んだ過去に対する真摯な反省の上
に立った歴史観」が重要だと説いた。
　そして「軍事施設はいったん配備されれば、増
強されることはあれ、撤去されることはまずな
い」とし、秋田へのイージス配備が「蟻の一穴」
となり、再び『強兵路線』に転じる恐れ」を憂
いた後に「イージスを配備する明確な理由、必
要性が私には見えない。兵器に託す未来を子ど
もたちに残すわけにはいかない」と結んでいる。
　国の重要政策について新聞社の社長が個人名
で論を興し賛否を明確にするのは異例のことだ。[†2]
新聞業界でも話題となったが、保守的風土の強
い地元・秋田の政財界では反発が少なくなかっ
た。県政界を取材する魁記者に対し「お前のと
ころは偏っている」と露骨に批判する県議もい

た。

その背景には「安倍一強」といわれた当時の政治状況に加え、イージス配備を「大きな公共事業」として捉える空気があった。秋田県の人口減少率は年１％を超えて全国でも最速のペースで進み、２０１７年には総人口が１００万人を切るなど過疎化が深刻化していた。

イージスの秋田配備計画を最初に報じたのは17年11月の読売新聞の特報だった[†3]。それからしばらくして、サッカーJリーグの試合ができる１００億円規模の専用スタジアム建設計画が浮上。相前後して市内にある大森山動物園にパンダが来るといううわさが広がった。いずれも実現はしていないが、当時地元ではイージス配備の見返り事業として捉えられていた。それだけではない。イージス配備に伴う道路整備や施設建設、地元雇用への効果を期待する声が経済界を中心に盛り上がった。そうした期待に、地元メディアトップの小笠原の一文は「冷水を浴びせた」(地元経済人)形となった。小笠原自身も冷たい視線を感じていたはずだが、本人はことさら反論することもなく恬淡としていたという。

こだわった「経営と編集の分離」

あの当時、小笠原はどのような心境で１０６４字にわたる文章を綴ったのか。残念ながら本人は論考執筆から約2年半後の２０２１年3月3日にがんで死去し、思いを聞くことはかなわない。ただ、現地を訪ねると手掛かりになる素材がいくつかあった。

その一つが19年10月29日、小笠原に対する社内インタビューの議事録だ。インタビューは秋田魁が後述するイージス報道で日本新聞協会賞を受賞した直後に行われたが、おおやけにはされていない。今回同社の厚意で全文を見ることができた。その中で小笠原は執筆の直接のきっかけをこう言っている。

「政府が決めたことには従うという姿勢が、特に国会議員の回答（秋田魁が直前に行ったアンケート）†4に露骨に透けて見えた。今の安倍一強の中でごり押しされてしまうように思えて、それに対してどうやって反論、反対していくのかと」

その上で小笠原は続ける。「役員幹部会で、論説はどう考えているんだと聞いたら、国の調査結果が出ないと論評しにくいようなことを言っていた。そういう『待ち』の姿勢だとどうにもならんと。いまの政治状況の中では」。そして「おれにちょっと一筆書かせてもらえないかと言った」と述べている。

毎週金曜日に開かれる役員幹部会は役員に加え各部門の局長級が出席し、直前に開く取締役会の方針を現場に落とし込んだり報告を受けたりする会議だ。そこで小笠原は論説委員長に遠回しにイージス問題についての社説執筆を促していた。

当時、この会議に経営企画室長として出席していた井上さおり（46）は語る。「小笠原さんはあの一文が出る前にも2回ほど社内向けの文書などでイージスの秋田設置に懸念を示していた。でも、経営と編集の分離を強く意識していて編集部門には何も言わなかった。私もそれ以前に『論説が書けばいいのになあ』とこぼしているのを聞いていたので、あそこに至るまではかなりの思いがあったのだと思う」

井上の見立ては他の幹部や記者も同様だった。現場記者としてその後のイージス報道を主導した編集委員の松川敦志（46）も「小笠原さんは論説に書いてほしかったはず」と証言する。

イージス・アショアの秋田配備計画は17年11月の読売の特報後、政府は配備先を明らかにしないまま12月に閣議で導入を決定し、18年6月になってようやく秋田市の自衛隊新屋演習場への配備に向けて調査する旨を県に通告してきた。当時の知事、市長は賛否を明言しなかったが、秋田魁が実施したアンケートでは自民党国会議員全員が「どちらかというと配備に賛成」と回答。この間、秋田魁の社説は一度もイージス問題を取り上げていない。

黙って様子を見ていた小笠原だったが、7月11日に掲載された国会議員アンケートを読んで、この段階でくぎを刺さないと既成事実が積み上げられていくという危機感を強めたのだろう。経緯をたどれば、役員幹部会での「おれに一筆」という発言が葛藤の果ての決断であったことが浮かんでくる。

“

「両論併記は公平で中立に見えるが、ではお前はどう考えるんだ、というものに対してどうなのか」

新聞は言論が交錯するフォーラム

小笠原は先のインタビューで経営と編集の分離について聞かれ「スポンサーからこういう話があるからこうやれ、とは言わないようにしてきたつもり。おカネと編集の分離は心しないと」としながら「役員会でも、この報道についてはこう思う、という話はしてきている。新聞の在り方については意見を言ってもかまわないと思う。社長だからといってまったくモノを言えないわけではない」と持論を語っている。

こうしたやりとりからは、小笠原が経営者としての自分とジャーナリストとしての自身の在り方を日頃から自問自答してきた形跡がうかがえる。

もう一つ目を引くのが「公平中立」という言葉に対する新聞の在り方を論じた部分。小笠原は「両論併記は公平で中立に見えるが、ではお前はどう考えるんだ、というものに対してどうなのか。それが署名記事だと思う。この問題について私はこう考えるということを出した方がインパクトがあるし、そこでいろんな議論が起きて、あるべき方向に収束していくというのが新聞としていい形になると思う」と述べている。

小笠原は新聞という媒体を右から左まで様々な言論が交錯するフォーラムと考えてきたようだ。そうした思いがうかがえるのは次の一節だ。「両論併記はこざかしいよな。若い頃なんかはそれが新聞だという考え方が支配的で、反発を覚えていた時期もあるが、特に署名記事が始まってからは、名前を出してしっかり言った方がいいのではないかと思うようになった」

秋田魁には当時も今も主筆という職位はない。小笠原にしてみればあの論考は社論でも秋田魁社長としての見解でもなく、小笠原個人としての文章だったのだろう。7月14日の土曜日の朝、ゴルフに行く前に自宅で粗書きした原稿を会社でパソコンに打ち直した小笠原は「使えなければ没にしていいから。扱いも任せる」と言って担当者に渡している。

だが、受け取った側からすればそうはいかない。原稿はそのままの形で翌々日16日月曜日の一面左肩に載った。

現場に渦巻いた困惑と希望

では、社内はこの社長論文をどう受け止めたのか。実は小笠原の執筆から掲載に至るまでが土日だったこともあって、事前にこの動きを知っていたのは編集部門でもごく少数だった。月曜朝に紙面をみて驚いたデスクや記者も多かった。

当時、県政サブキャップだった石塚健悟(36)は「あまり好意的には受け止めなかった」と語る。「『兵器で未来は守れるか』という見出しが兵器を全面否定しているように見えて、なんだかイデオロギー色が強く感じられた。取材先から別のベクトルでみられてしまうことを懸念した」

政治経済部長だった泉一志(52)も「考えるところは小笠原さんと同じ」と断りながらも「あれはあくまで社長一人の意見であり、社論でも社説でもない。自分たちがやることはあくまで事実の発掘。事実によって国の矛盾を暴くことだと思った」と話す。

前述のように小笠原は論説委員室が動かなかったため、やむにやまれず筆を執ったのだが、現場を担う記者、デスクにしてみれば色眼鏡で見られて取材が難しくなるという思いが少なからずあったようだ。

その一方で「これでやりやすくなった」と希望を見出した記者がいた。社会地域報道部の編集委員だった松川敦志である。

松川の経歴は異色だ。1996年に秋田魁に入社して6年後に朝日新聞に転職。社会部や那覇総局で13年余り記者を務めた後、2016年に秋田魁に復職している。郷里で大けがをした母親に近い場所で暮らすためだった。イージスの問題に遭遇したのは帰郷して1年後のことだ。

松川は当時、市街地に出没するツキノワグマの問題を長期連載で執筆していたが、イージス問題が浮上して泉から「早く戦線に入ってくれ」と懇願され、18年6月から取材班に加わった。

松川は朝日時代の2度にわたる沖縄勤務の経験から、防衛問題に対する持論があった。それは、日本の安全保障政策が日本政府単独の方針で決まることはなく、必ず日米安保の図式の中で立案される、というものだ。イージス問題もそうに違いない。日米関係に枠を広げた長期連載がやりたい。そうしないとなぜ秋田配備なのかも見えてこない。だが、一地方紙がそんなスケールの大きなテーマに挑めるのか。地方紙は地方の現場で起きていることをやればいいのではないか——。松川は取材班に入ってからも日々煩悶し、上司に相談していた。そこに突如飛び込んできたのが小笠原の一文だった。「思い切ったことがやれるかもしれない」。松川は奮い立った。

「やれることは何でも」

時間を少し巻き戻す。ミサイル防衛システムイージス・アショアの秋田配備計画を最初に報じたのは、2017年11月11日付の読売新聞朝刊。小笠原の論文が掲載される約8か月前のことだった。政治経済部長の泉一志は事実確認のため記者らに県や秋田市、国会議員などに当たるよう指示したが、手掛かりすらつかめない。当日はやむなく政府関係者に取材した共同通信の配信記事を1面で使った。

↗ 新屋演習場は秋田魁の4階編集統合本部から一望できる。右は松川敦志編集委員

配備は秋田市内の新屋演習場が有力とされたが、ここはJR秋田駅からわずか4キロで近隣に住宅や小中学校がある市街地だ。秋田魁本社の4階編集統合本部からも望める場所にある。泉らにとってイージス問題はまさに「庭先のニュース」であり、記者たちからは「なんでこんな住宅地に置くのか」という声が期せずして上がった。

自分たちの暮らす場所がミサイル防衛の拠点となる。それなのに政策決定は東京。秋田魁にも東京支社はあるが、防衛省や首相官邸には人脈も足場もない。しかも安全保障問題は地方紙にとって未知の分野だ。このままでは政府の方針が出る度にずっと受け身の取材を強いられる。自分たちの手の届かないところで事態が動く。泉らはそんな焦燥を感じていた。

だが手をこまねいているわけにはいかない。泉は「やれることは何でもやってみる」とハラを固めた。†5

手掛けたのは県選出国会議員への個別取材に加えて防衛問題の識者への取材、国会論戦の詳報。さらには弾道ミサイルを探知するための「Xバンドレーダー」[†6]が配備されている青森県つがる市と京都府丹後市、同様にイージスの候補地とされた山口県にも記者を派遣し、関係者らに設置までの経緯などを聞いた。

そこで浮かんできたのは、当局が仕掛ける重要施設設置のパターンだった。報道で観測気球を上げ、地元世論の動向を見ながら自治体や国会議員らに根回しを始める。その後、形式的な調査をして「適地」との判断を下し、安全対策や公共事業と引き換えに地元首長から合意の言質を引き出す——。実際、事態はその通りに動いた。

秋田の延長線上にハワイ

防衛相の小野寺五典が設置候補地として初めて秋田に言及したのは2018年5月。それまで秋田魁はイージス問題について「地方議員の声」などの連載7シリーズを途切れなく続けていた。6月には小野寺が初めて来県し、新屋演習場の適地調査を行うことを説明。7月に入って秋田魁が実施したアンケートでは自民党国会議員全員が秋田配備について「どちらかというと賛成」とするなど、配備に向けた包囲網はじわじわと狭まっていた。「兵器に託す未来を子供たちに残すわけにはいかない」とした小笠原論文が掲載されたのはその直後のことだった。

日米関係に枠を広げた長期連載は地方紙には手に余る仕事かもしれないと逡巡していた松川はトップが本気になっていることに勇を鼓した。

松川がまず手掛けたのはネット検索だ。ウェブ上での情報収集には賛否があるが、地方紙にとっては取材先が県外、国外へと劇的に広がっていく貴重な手段だ。米連邦議会の議事録や軍事専門家の見解などイージス関連の情報を手あたり次第に収集するうちに浮かんできたのは日本政府が決して語ることのない「米国の利益」だった。特に松川が注目したのは米有力シンクタンク戦略国際問題研究所（CSIS）が5月に発表したばかりの「太平洋の盾」というリポート。副題にはずばり「巨大なイージス艦としての日本」とある。本文では日本による地上イージス導入が「米国本土を脅かすミサイルに対し、前方に配備されたレーダーの役割を果たし得る」として米国の「盾」になることを明記していた。松川の持論である「日本の安全保障政策が必ず日米安保の図式の中で立案される」を裏書きするような内容だ。

秋田と山口がなぜ候補地になったのかもぼんやりと見えてきた。北朝鮮のミサイル発射拠点から秋田、山口の延長線上にはそれぞれハワイ、グアムの米軍基地があることをフェイスブックで指摘していた県内の元大学准教授に取材。当時、候補地選択では安倍晋三首相、菅義偉官房長官の出身地を敢えて選んだとの憶測もあったが、背後では米側の安全保障上の冷徹な論理が働いていた可能性が浮かんできた。「イージス配備は日本政府独自の判断ではない。ましてや秋田や山口に置く必然性は日本政府にはないのではないか」。松川は19年1月から始めた連載「盾は何を守るのか」で、イージス配備の隠された意図を詳述した。

宝の山

2019年5月27日午後、防衛省は秋田・新屋演習場がイージス設置の適地と結論付けた調査報告書を秋田県と秋田市に提出した。101ページの報告書を入手した松川はその晩、通読して「宝の山だ」と直感した。

「こうした文書はナマデータをドサッともってくるか、さもなければA4一枚紙だけか、というのだが、今回はそのいずれでもない。地元を説得するために他の地域と比較したり、ナマデータを分析してみせたり、必要以上に言い過ぎている。『ここしかない』と導くためのつじつま合わせの過程を見せてくれているので、この論理を組み立てているものを突き崩せばよいと思った」

県庁1階の記者クラブで松川はこの報告書がボロボロになるまで1週間読み込んだ。6月3日午前、ふと目が留まったのは「他の国有地の検討」と題した項目の地形断面図だ。見開きに8つの国有地の図を掲げ、イージス・アショアが発するレーダー波を遮る山が近くにあるとの理由で、いずれも配備に適さないとの判断が示されていた。配備に適しているのは秋田市の新屋演習場しかないという理屈付けのための説明だった。違和感が残ったのはそのうちの1つ、秋田県男鹿市にある国有地について、標高712メートルの本山《ほんざん》を国有地から見

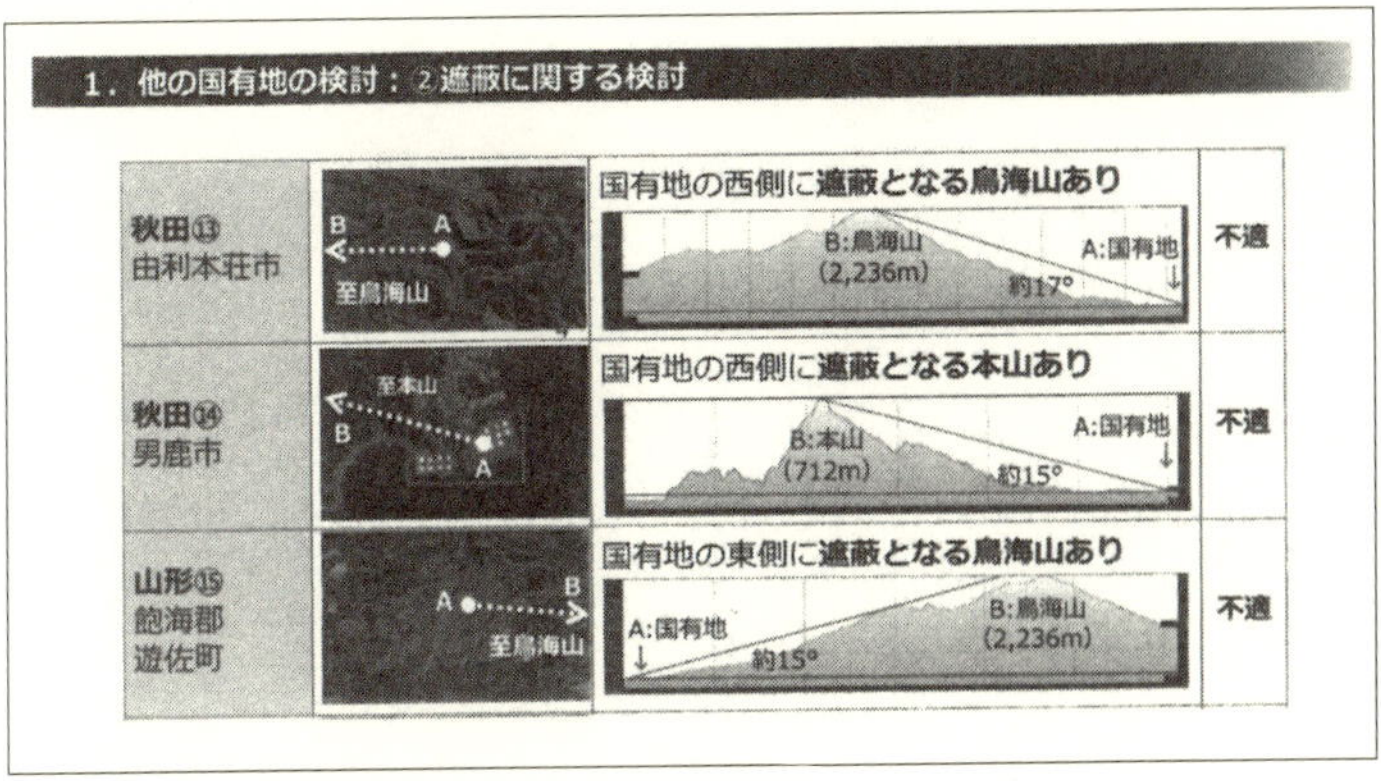

↗ 防衛省の調査報告書に掲載された「秋田・男鹿市の誤データ」

上げた仰角が「約15度」と記された箇所だ。

その図の上下にはそれぞれ秋田県由利本荘市と山形県遊佐町の国有地と近隣の鳥海山との仰角が示されているが、鳥海山は本山とは桁違いの2236メートルなのに仰角は「約17度」と「約15度」で本山とほぼ変わらない。本山の高さが3倍程度デフォルメされていることは明らかだった。

ネット上の計算サイトで本山の仰角を測ると「4度」という結果が出た。4度であればレーダー波を遮るという理屈は成り立たない。その日の午後、松川は車で1時間ほどの男鹿市の国有地に向かった。太陽の高度を算出するサイトで「15度」になる時間を待ったが、太陽の位置は本山よりはるかに上空。「4度」になった時、太陽は本山の山頂にぴたりと重なった。

はやる気持ちを抑えて帰社した松川はその夜、泉ら上司に顛末を説明した。だが泉は慎重だった。「国の過ちを指摘しようというのなら、ミスがあってはいけない。業者に測量してもらったらどうだ」

翌4日、8万5千円をかけて秋田市内の業者に依頼した現地測量でも「4度」という結果が出た。泉はゴーサインを出した。松川は「適地調査データずさん」と題した一面トップ用本記とともに、「根底にあるのは『新屋ありき』の姿勢だ」との解説を書いた。[†7] 沖縄での取材経験、CSIS報告書の発見、地元紙としての当事者意識などこれまでの知見を詰め込んだ渾身の記事だった。

防衛省報道室は秋田魁の問い合わせに対し3時間後に「本日中の回答はできない」と電話してきた。

> 「ミサイルが飛んでくると、あそこから迎撃弾が発射される。命中すると破片はどのあたりに散らばるのか、と想像がたくましくなる」

「朝日にいたらできなかった」

スクープ当日の5日、防衛省はあっさりとデータの誤りを認めて謝罪。配備を視野に入れてきた秋田県知事・佐竹敬久も「話は振り出しに戻った」と態度を翻した。7月に行われた参院選では配備反対の野党統一候補が当選。政府はその後も新屋設置の可能性を探ったが不信感を抱いた世論は覆らず、翌2020年6月、小野寺の後を継いだ防衛相の河野太郎はイージス配備計画を正式に撤回した。

日本新聞協会は19年9月、この年の新聞協会賞に秋田魁のイージス報道を選んだ。一地方紙が政府の安全保障政策をひっくり返した異例の事態に、業界では「蟻が象を倒した」と言う人もいた。では、なぜそれは可能だったのか。

松川は「朝日にいたらできなかった」と明言する。「1週間ずっと報告書を読み込むなんて、多忙な全国紙の防衛省担当にはできない。東京にいてはこれを疑いの目で毎日読み続ける動機もないし、何より当事者意識がない」

先に紹介したように秋田魁本社は新屋演習場と目と鼻の先にある。「ミサイルが飛んでくると、あそこから迎撃弾が発射される。命中すると破片はどのあたりに散らばるのか、と想像がたくましくなる。地元の人も同じはずで、そうした息遣いが感じられる読者が周りにいることは大きかった」と松川は話す。

もう一つ意識したのが「後世からの目線」だという。「軍事施設は一度できるとずっと残る。30年後や50年後に仮にイージスが狙われたり事故があったりした時に、配備時のメディアは何をしていたのかと必ず問われる」

松川が挙げたのはいずれも地元メディアだからこその環境や条件だった。政策決定者がいなくとも、役所の情報が入りにくくとも、それを凌駕する切迫感と当事者意識があれば道は開ける。秋田魁の仕事はそれをはっきりと証明してみせた。

余談だが、新聞協会賞の審査では地方紙がこぞって秋田魁を推す中、「結果が出ていない」ことを理由に授賞に慎重な在京紙があった。この時点で政府がイージスの秋田配備を撤回していなかったためだ。選考委員である在京紙の編集局長は「われわれのグランプリは大きなニュースであるべき。結果、成果、すごいねという納得感が重要」と反対理由を述べている。

筆者が新聞協会賞の審査をした際にも報道による「結果」を重視する同様の指摘があった。ベタに言えば、メディアはその仕事によって世の中が少しでも良くなることを目的としている。報じたことで事態が改善されればそれに越したことはないが、変わらないことで報道の価値が減殺されるものではないはずだ。後に真実が証明された大きなスクープでも、その時点では政権が黙殺したり、他者が後追いできなかったりしたことで状況が放置されたケースは少なくない。権力側は常にそれを狙っている。むしろ、報道によって事態が動くことに評価の重心を置きすぎるとメディアが権力構造の一部になってしまう恐れもある。結果重視の評価軸は、在野の立場から質の高い情報を提供するというジャーナリズムの本質を置き去りにする危うさがつきまとう。

病床からの書簡

秋田魁がスクープを放った翌日の2019年6月6日、松川はある人物から手紙を受け取

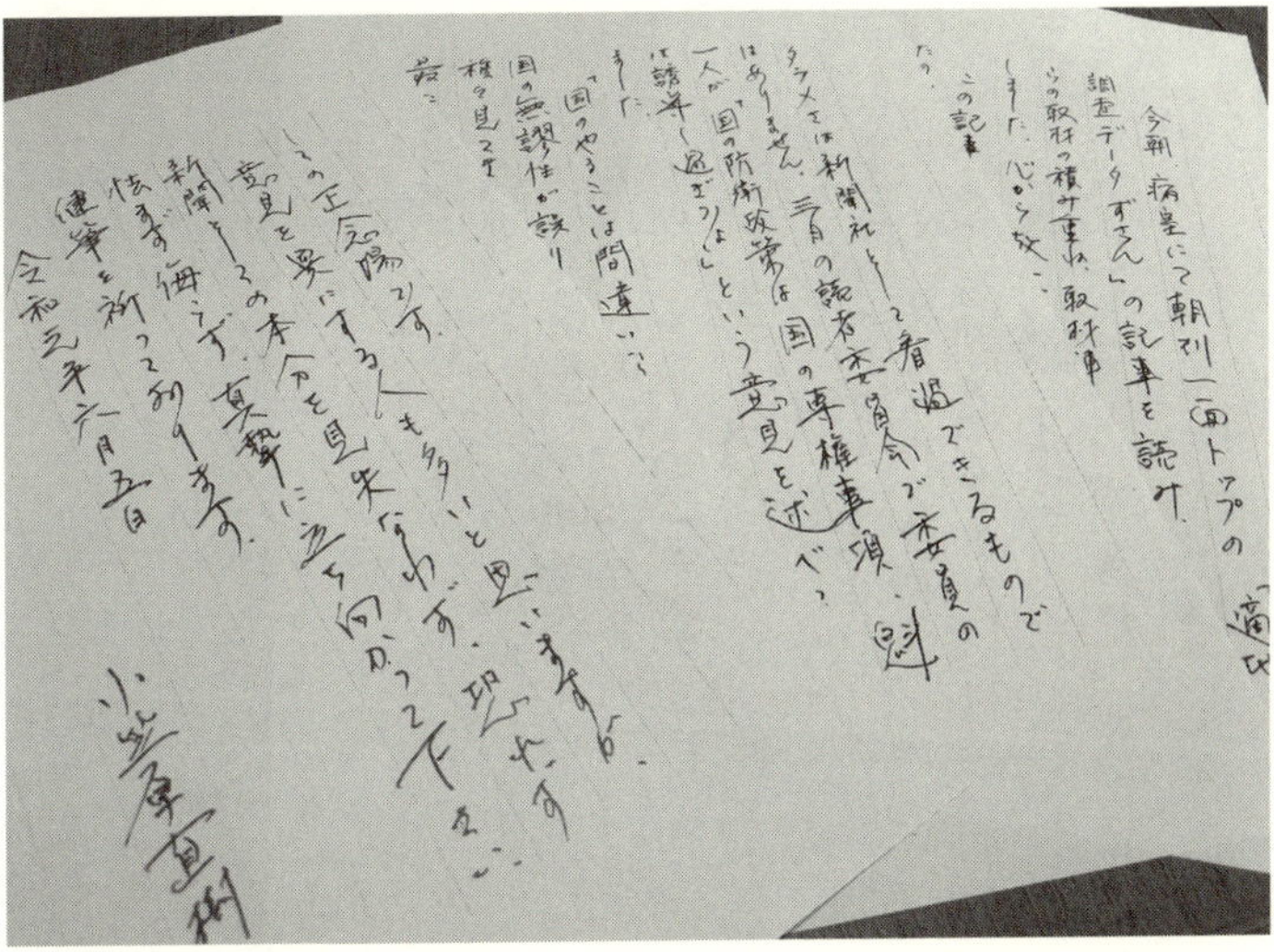

↗ 小笠原氏が松川記者に充てた手紙

った。がんと闘っていた小笠原が病床でしたためたものだった。便せん4枚の文章の行間には、自らの論考への答えをしっかり示した松川への感謝の念が冷静な筆致で綴られていた。

小笠原は書簡の中で「今朝、病室にて朝刊一面トップの『適地調査データずさん』の記事を読み、日頃からの取材の積み重ねの取材陣の努力に感服しました」と書き出し「松川君が社に戻ってきてくれて本当に良かったと感謝しています。ありがとうございました」と率直な謝意を伝えた。

そのうえで小笠原は自身の新聞人としての思いに触れている。「三月の読者委員会で委員の一人が『国の防衛政策は国の専権事項、魁が誘導しすぎるな』という意見を述べていました」と、小笠原の論考に対し社内外で批判が続いていたことを明かし、「『国のやることは間違いないから従え』という国の無謬性が誤りであることは大小含めて種々見てきました。地上イージス問題はその最たるものではないかと思います。新聞社としての正念場です」と記した。

最後には「意見を異にする人も多いと思いますが、新聞としての本分を見失なわず、恐れず怯まず侮らず、真摯に立ち向かって下さい」と、20歳も離れた後輩に後を託すようなエールを送っている。

松川はそこに地元紙に生涯を捧げてきた記者の矜持をみた気がした。秋田県内の全国紙の取材拠点と記者数はここ10年ほどで急激に合理化され、魁からみるともはや「ライバル不在といっていい状況」だ。[†8] その一方で、政府の政策は国全体の利益を図ったとしても必ず不利益が生じる部分がある。それが端的に現れるのが地方であり、そこに住む人々が被る不利益は往々にして黙殺される。病床からの手紙は「その監視を託されたのが地元紙だ」と伝えたかったに違いない。[†9]

小笠原はこの1年9カ月後、還らぬ人となった。

注

†1——イージス・アショア：艦船から敵のミサイルを迎撃するための海上弾道ミサイル防衛システムを陸上設置用につくりかえた。米ロッキード・マーティンが開発元で2015年にルーマニア、18年にポーランドに設置された。

†2——社長や主筆の記事執筆：新聞経営者や主筆が記事、論考を執筆するケースは近年ではまれだが、明治から戦前までは万朝報の黒岩涙香や東京日日新聞の福地源一郎、信濃毎日新聞の桐生悠々らが社長、主筆の名で盛んに論陣を張った。

†3——読売新聞特報：読売は2017年11月11日朝刊2面で「陸上イージス、秋田・山口に　政府調整、陸自が運用へ」と題して、政府が両県に配備する方向で最終調整に入ったと報じた。

†4——県議、国会議員アンケート：秋田魁は2018年7月にイージスの秋田新屋演習場への配備について県議・国会議員へのアンケートを実施。県議41人のうち22人が「反対」「どちらかといえば反対」と答えたが、国会議員調査では自民党議員5人全員が「どちらかといえば賛成」と回答した。

†5——「やれることは何でも」：2018年9月、秋田魁は世界で唯一イージス・アショアが稼働しているルーマニアのデベセル米空軍基地に石塚健悟記者を派遣。基地内や周辺自治体を取材し、配備計画が進むポーランド取材を含めて連載企画「配備地を歩く　ルポ東欧の地上イージス」全12回を掲載した。

†6——Xバンドレーダー：マイクロ波を使用した防衛用早期警戒レーダー。目標を「点」ではなく「形」として把握できるためミサイルの識別が可能とされる。2006年6月に青森県つがる市の航空自衛隊車力分屯地、14年12月に京都府京丹後市の米軍経ケ岬通信所に配備された。

†7——秋田魁の特報：毎日新聞は6日朝刊一面トップで後追い記事を掲載。その中で「地元紙『秋田魁新報』が5日、仰角から『不適』とされた地点のデータに誤りがあると報道」と秋田魁の特報が発覚の端緒だったことを明記

した。

†8――全国紙の地方合理化：今世紀に入る頃まで全国紙は秋田県クラスの県庁所在地に平均6~8人の記者を配置していたが、現在はほぼ半減。通信部も廃止が相次ぎ、県版も事実上、東北ブロック版のような形で近隣県のニュースと抱き合わせで紙面を作っている社もある。

†9――地元紙：松川敦志は月刊誌『Journalism』2023年2月号に「全国紙から地元紙に戻って」と題した論考を寄稿。その中で全国メディアに準じる存在として扱われる「地方紙」という言葉と区分けする形で、「地元紙」の「当事者性は、全国メディアがどうやっても持ちえない強み」と指摘した。

第4章

命を刻む

「新聞とは何か」映した避難者名簿

――岩手日報「東日本大震災」報道

岩手県
八幡平市
盛岡市
宮古市
山田町
大槌町
遠野市
北上市
釜石市
大船渡市
陸前
高田市

被災した人たちが集まった体育館には、自分たちがここにいることを手書きで記した模造紙やおびただしい数の付箋が壁に貼られていた。周りにはその名簿を食い入るように見つめる被災者たちが群がった。

いまだに謎の発案者

この国の歴史に深く刻まれる2011年3月11日の東日本大震災。地元紙の岩手日報はその直後からこれらの名前を紙面化した避難者名簿報道を始め、この年の日本新聞協会賞を受賞する。そのきっかけ、つまり避難所の光景を目撃し、最初に本社に伝えてきたのはいったい誰なのか——。取材目的の一つは、その人物に当時の経緯と紙面化を進言した動機を聞くことだった。結論から言うと、それは果たせなかった。なぜなら岩手日報社内の誰に聞いても、その人物が誰なのかがいまだに分からないからだ。

当日の動きを整理する。3月11日午後2時46分の地震発生直後、当時の編集局報道部長、川

↗ 貼り出された避難者の名前に見入る被災者と岩手日報が掲載した避難者名簿（コラージュ、岩手日報社提供）

村公司（45）は県政担当の遊軍だった太田代《おおたしろ》剛《たけし》（38）を震災統括デスクに指名した。太田代は前年まで4年間、沿岸南部の陸前高田支局長を務め、災害取材の経験も豊富だった。

当時の編集局がまず着手したことは出先の記者たちの安否確認。発災直後通じた電話やメールは小一時間ほどで通じなくなり、沿岸部の6支局10人のうち5人と連絡が取れていなかった。そこで川村らは2人一組の取材班を数組つくり、安否確認を兼ねて順次沿岸部に車で送り出した。

その一人に県警サブキャップの佐藤俊男（29）がいた。佐藤は言う。「カメラマンと一緒に車で社を出たのは16時前。目指したのは陸前高田市だったが、道路は寸断されていて着いた時には日が暮れていた。連絡手段がないので仕方なく内陸の遠野市まで戻ってその日は車中泊した」

翌早朝に再び陸前高田に入り、津波で壊滅した街の惨状を目の当たりにした。見たものを書かなければと思ったが、送信手段がない。締め切りが早いと聞いていたので昼には本社に戻った。本社3階の編集局では太田代が待ち構えていた。一通り状況を説明した後、太田代が尋ねた。「災害現場では何が求められているんだ」

佐藤からみた太田代は情熱家でうるさ型。人の意見を聞く前にどんどん引っ張っていくタイプだったが、珍しく問い掛けてきたので「安否情報が一番大事です」と答えた。がれきだらけの陸前高田の街中で家族の行方を捜す多くの人に出会い、電信柱にあった尋ね人の張り紙も印象に残っていた。

すると太田代は「避難所に名簿があるのを知っているか」と聞いてきた。佐藤は避難所には寄っていないので「名簿を見たことはありません」と答えた。ところがその後、日を重ねるうちに社内では「避難者名簿の発案者は佐藤」ということになっていく。

何が求められているのか

佐藤は笑いながらそれを否定する。「避難者名簿のきっかけは斉藤さんですよ。だって僕はその日避難所には行っていないんだから」。佐藤が名指しした斉藤とは当時、八幡平支局長の斉藤陽一(33)だった。斉藤は担当支局周辺の被害が比較的軽微だったため、本社の指示で

12日早朝に陸前高田に入った。渋滞に遭いながら高台を上がっていくと中学校の避難所があったので中に入った。体育館の壁には避難者が手書きで名前を書いた大きな模造紙が貼ってあった。その周りには真剣な表情で名前を追う人たちがいる。絵になる構図だと思ってカメラのシャッターを切った。

斉藤はその後、行方不明だった陸前高田支局長を路上で見つけ、彼が前日に撮った津波直後の写真データをパソコンに取り込んで夕方に本社に戻った。編集局で支局長が無事だったことを伝え、彼の写真をパソコンで太田代らに見せた。ところが斉藤は「その時は津波被害の写真に集中していて、体育館の写真まで見せた記憶がない。名簿報道をやるべきと言った覚えもない」という。

いったい避難者名簿報道のきっかけをつくったのは誰だったのか。岩手日報社が2012年11月にまとめた「風化と闘う記者たち　忘れない　平成三陸大津波」(早稲田大学ブックレット)では「佐藤は13日、再び陸前高田市に入り、避難所でたくさんの人だかりができている光景を目にした。(中略)この報告を受けた太田代が『ぜひ避難者名簿をやりましょう』と誌面での掲載を提案してきた」と記されている。しかし、名簿掲載がスタートしたのは14日付紙面であり、13日の遅い時間に発案してすぐに準備が整うとは思えない。名簿報道の決断があったのは12日とみるのが自然だろう。

太田代に話を聞いた。「たしかに名簿報道をやろうと川村さんに持ち掛けたのは12日。記憶の中では佐藤から貼り出された名簿の存在を聞いたと思っていたのだが、勘違いしていたのかもしれない。今から思えば斉藤から避難所の話を聞いて名簿の存在を知り、それを佐藤に確認したのかもしれない」。

大混乱の震災翌日。安否不明の支局員もいる中、記憶が混乱するのも当然だろう。確かなのは斉藤が伝えた避難所の様子、それに佐藤が言った「安否情報が一番大事」という言葉がこの時、太田代の頭に深く刻まれたことだ[†1]。

正確性より手掛かりを

太田代には３年前の悔恨があった。それは最大震度６強を記録した２００８年６月１４日の岩手・宮城内陸地震[†2]でのことだった。ＮＨＫの被災現場中継に見入り、初動が遅れた。現場で何が起きているか、被災者が何を求めているかが分からず、報道が後手に回った。「地元紙が大事なのは県民に寄り添う視点。それにはまず現場をじかにみることだ」。これがその時得た教訓だった。

太田代は報道部長の川村に避難者名簿を紙面掲載することを進言した。連絡手段がない中、どこに誰が避難しているかは被災者たちが今最も知りたい情報だという太田代の言葉に、川村はその通りだと思った。しかし数万人になるだろう避難者の名前をどうやって集めるのか。公式発表でもない名前の正確さをどうやって担保するのか。プライバシーは問われないのか

——。いざやろうと思っても、課題はあふれるほどあった。
それ以前の問題もあった。社内で合意を取り付けることだ。テレビでは大津波が街をのみこむ映像がひっきりなしに流れていた。何百年に一度あるかどうかの大災害。その中で、地味な名簿集めに人とエネルギーを割くことには当然反対も予想された。迫力ある写真、被災者の体験談、行政の対応。全国紙も総力を挙げて紙面を作ってくる。災害報道の王道に集中すべきではないか。

実際、名簿の話をすると「そんなの新聞じゃねえ」と反発するデスクもいた。編集局長の東根《あずまね》千億万《ちまお》（58）も慎重だった。何百年に一度の大災害。凄惨な被災状況を中心に歴史に残る大報道をすべきだというのが東根の意見だった。だが川村は「被災者が求めていること」という太田代の言葉を捨てられなかった。それに応えるのが地元紙だ。「やらねばならない」。川村は決断し、「中面で、限られた人員で対応するから」と東根らを説き伏せた。

さっそく太田代や周りのデスクを集めて方策を話し合った。まず集約方法は避難所に貼り出された名簿を写真に撮る。名簿がない避難所では記者が一人一人に名前を聞く。通信手段がないので撮った写真は記者が車で本社まで届ける。避難所は自治体でさえ把握していないから記者が口コミ情報でリストを作る。公民館や学校だけでなく、寺や小さな集会場なども記者が探す。それは土地勘のある地元紙しかできないことだった。[†3]

名簿作りは、スポーツ記録のノウハウがある運動部が知恵を出した。写真をもとに名前を打ち直し、ダブりがないように写真一枚一枚をチェックする。読み合わせ要員は広告、総務などから人を借りた。

名前は手書きだから読み取れない字もある。そこは「●」にして敢えて掲載することにした。名簿作りを仕切った当時運動部長の鈴木淳《すずきあつし》（48）はこう回想する。「正確な情報を旨とする新聞社としては異例だが、読めないからといって人名そのものを除外してしまうとその人が避難所にいないことになってしまう。震災は平時ではない。正確性より手掛かりが大事だと思った」。鈴木は新聞の原則から逸脱することで、新聞の本質を守ろうと考えた。

「正直怖かった」

プライバシーの問題も残った。個人情報の取り扱いを規制した個人情報保護法が2005年に施行されていた。当時は現在ほど厳しい規制ではなかったが、それでも被災者が避難所で書いた名前を勝手に紙面掲載していいものかという意見は編集局内にあった。東根もそこにこだわっていた。川村は述懐する。「誰がどこに避難しているかという安否情報を県民が求めているとしたら、そうした問題で掲載を自重するというのは本末転倒になるのではないか。個人情報保護法はもちろん意識はしたが、国がどうかというより、最後は新聞をつくる自分たちが責任を持って判断すればいい。そう考えた」

こうして始まった避難者名簿取材だが、取材現場では「各社の記者が被災の雑観や動画の発掘に走る中で俺たちは名簿集めかよ」という愚痴も聞かれた。太田代自身も「最初は正直言って怖かった。大刷りを見るとまるで電話帳みたいで。だから本当はもっと載せられたのだが初日はおっかなびっくりで2ページ分に限定した」と回顧する。

最初の名簿は震災から4日目の14日に初めて紙面化された。結果は予想を超えたものだった。当時は配達網がまだ復旧せず、販売部員が避難所に数十部を置いて回るのだが、ドサッと置くとみんなが奪い取るように持っていった。被災者らは被災状況が載った1面や社会面を後回しにして名簿のページを広げ、知人の名前を食い入るように探した。

本社の代表電話にはその日から「○○避難所の名簿はいつ掲載されるのか」「△△という人はいるか」などの問い合わせが1日100件以上に上り、慌てて専用の担当者を配置した。夜間にも電話は鳴りっぱなしで3人を会社に泊まらせた。名簿は途中からネットでも公開したが、1日70万件を超えるアクセスがありサーバーがダウンするほどだった。[†4]

名簿掲載は16日から6ページに拡大し、最終的に22日間にわたり約5万人の名前を掲載することになった。

今でこそ当り前のようになった避難者名簿報道だが、当時はマニュアルの存在しない手探りの仕事だった。そして、その前には個人情報保護法という法律や大報道に集中すべきだという社内の空気も立ちはだかった。それを突破したのは「被災現場が求めている」という一点だった。

↗ 避難所で新聞を読む被災者ら（岩手日報社提供）

2023年2月から社長を務める川村は当時の決断をこう述懐する。

「記者生活の中で記事や紙面に対し社外からいろんな反響を経験してきたが、こんなに読者から手応えがあった仕事は初めてだった。派手な見出しや衝撃の写真ばかりに目が行きがちだったが、新聞とは何かということをあらためて考えさせられた」

大災害の渦中で、読者が何を求めているかを冷静に見極め、前例を突破していくことがどれほど困難かは想像に難くない。次項では、震災1年後に下したもう一つの決断を通して、新聞とは何かを再考する。

「『6000人』と丸めて語られるだけでいいのか。新聞は一人ひとりの生をもっと大切に扱うべきじゃないのか」

丸めて語られる犠牲者

震災から5カ月が過ぎた2011年8月、被災者らが仮設住宅などに移ったことで陸前高田の避難所が閉鎖された。街にはそこかしこにがれきが残り、行方不明者もまだ多数いる。復興という気運には程遠かったが、それでも一時の緊急時対応からは脱しつつあった。

岩手日報編集局ではこの先の震災半年、1年に向けてどのような取り組みをしていくかが大きな焦点となっていた。編集局長の東根は被災地元紙としてどうあるべきかを周囲に問うた。発災直後の避難者名簿報道で予想を超えた反響に手応えを感じた報道部長の川村は「どんなことでもいい。現場で何が求められているか、地元紙として何を記録すべきかをメールで上げてほしい」と記者たちに呼び掛けた。

真っ先に応じたのは5月から陸前高田支局員として赴任していた斎藤孟《さいとうたけし》（29）だ。斎藤は日々目にする被災者たちの在りようと、自分たちが書く記事の間のギャップが心に引っ掛かっていた。その象徴がしばしば見出しになる「死者・行方不明者約6000人」という表記だった。

「これだけの人たちが犠牲になったという規模感は分かる。でも『6000人』と丸めて語られるだけでいいのか。新聞は一人ひとりの生をもっと大切に扱うべきじゃないのか。そんな思いがずっとしていました」

犠牲者の遺族を訪ねて話を聞きたい。犠牲者がどのような人生を送ったのか。当日は何をしていたのか。それに顔写真を付けて一人ひとり掲載する。斎藤は梅雨が明けた頃、メールでそう提言した。

斎藤の提案にはもう一つの理由があった。斎藤は支局赴任直前まで県政の防災担当だった。震災発生前に県や市などの自治体だけでなく、大学の研究者を訪ねては防災の話を聞いた。その一人に岩手県立大学総合政策学部准教授だった牛山素行《うしやまもとゆき》（42＝現静岡大学防災総合センター教授）がいた。牛山は主に豪雨水害の防災情報などを専門とし、いつの頃からか熱心に取材に来る斎藤と親しくなった。

ある日、斎藤は牛山からこんな話を聞かされる。

「県内でこれまでいろんな災害現場を見てきたが、研究者としてたどりつけない大事なことがある。それは被災者たちが発災時にどのような行動をとり、それがどういう結果に結びついたのか、ということだ。この集積データは防災システムを構築していくうえで極めて重要なのだが、研究者一人ではどうにもならない」

斎藤にはこの言葉がずっと頭に残っていた。

過去か未来か

川村ら編集局幹部は11月上旬、被災地の宮古市勤労青少年ホーム（21年3月で閉館）で沿岸部の記者らを集めた会議を開いた。震災1年に向けた取り組みを話し合うためだ。アイデアを挙げた記者らがそれぞれ趣旨説明をする中で、斎藤の企画案のプレゼンを聞いた川村は「これこそやらねばならない地元紙の仕事だ」と思った。震災担当統括デスクの太田代も同感だったが、いざ具体化を考えると名簿報道と同様に越えなければならないハードルがいくつもあった。亡くなった人の顔写真をどう集めるのか、そもそも6000人に及ぶ犠牲者の遺族にどうやってたどり着くのか。会えたとしても答えてくれるのか——。

本社に戻り編集局長の東根らと話すと、東根は地元紙として県民を元気づけるにはもっと前向きの報道をすべきではないかとの意見だった。過去よりも将来。そう考える幹部は東根だけではなかった。総じて本社上層部は「いつまでも後ろ向きでは元気が出ない」という未来志向。沿岸支局の記者たちは斎藤だけでなく「被災現場はまだ復興フェーズではない。失ったものに寄り添うべきだ」と考えていた。「元気」「未来」を唱える本社上層部に「何を考えているんだ」と怒る若手もいた。

太田代は回想する。「斎藤は毎日のように陸前高田のあちこちで営まれる葬儀を見てきた。そのほとんどが合同葬なんだというんですね。犠牲者が多すぎて対応しきれないからでしょう。新聞では『6000人』。弔いもマスで対応。『そうじゃなくて、一人ひとりの生きた証を残しましょうよ』と言った斎藤の言葉は響きました」

結果、現場が本社上層部を押し切る形で斎藤のアイデアは採用された。タイトルはそのものずばりの追悼企画「忘れない」。1回に数十人をまとめて載せる。顔写真を付けて、犠牲者1人につき原則150字で人となり、あるいは被災当時の状況などを紹介する。じっくり話を聞いて150字では短すぎるとの意見もあったが、太田代は約6000人という規模を考えるとやむを得ないと判断した。

企画は震災発生から1年になる2012年3月開始を目指し、取材は11月から始めた。問題は取材方法だった。犠牲者は日々、岩手県警が発表しているが、住所は大字までしか載っていない。近隣で住まいを聞いて住宅地図で探し、名簿を作るところから始めた。お寺の檀家名簿を見せてもらったり、仮設住宅や町内会を回ったりしたが、地域によっては町自体が全滅しているところもあり、名簿作りは予想以上に難航した。

斎藤は当初「取材は1日2人で10年掛かり」と想定し、太田代も「6000人をゴールと考えず、一気にやらない」と腹をくくっていた。川村も焦る必要はないと思った。ただ「遺族の話を聞くことは若い記者の糧になる」と考え、全支社局から1週間単位で3〜4人を週末に応援取材に出した。途中からは本社を含め記者総掛かりで「6000人」を追った。斎藤は「社内に反発もある中で、人を削って対応してくれた。この企画の価値を分かってくれたと思ってうれしかった」と述懐する。

重荷の受け皿として

この企画の取材に参加した若手記者の一人に小野寺隼矢《おのでらじゅんや》（23）がいる。小野寺は2011年4月入社。つまり震災直後に記者となり、いきなり避難者名簿の読み合わせ要員となった。その後サツ周りを経験し、11月から宮古市田老地区北部の遺族取材を命じられる。

遺族への取材は事件事故を問わずベテラン記者でも難しい。一年生記者ではなおさらと思うのだが、小野寺には不思議な胆力があった。「最初の問い掛けは確かに難しかったが、とにかくじっくりと耳を傾けようと思いました。こちらの問いは最小限にとどめて、待ちの時間を長くした。いちいち確認せず、全部聞いた後にファクトをチェックしました」

無理はしない。断られるのは当然。話は最後まで黙って聞く。そんな構えが遺族の心を開いたのかもしれない。

小野寺は都合200人ほどの遺族と会ったが、その中でも忘れられないことがあった。津波にのまれて亡くなった妻を語る夫への取材。濁流の中で握っていた妻の手を、耐えきれず自ら放したことを、夫は訥々と語ったという。

こんなに重い話を、なぜ初対面の記者に口にしたのか――。小野寺はこう語る。「あの方は誰にも言えず、半年の間ずっと心の中に留めておいたのでしょう。でもその重さを少しでも誰かに担ってほしかったのかもしれません。もしそうだとしたら、それを受け止めるのも記者という仕事の存在意義なのかもしれないと思いました」

似たような経験をしたのは現在宮古支局長の金野訓子《きんののりこ》(26)だ。「忘れない」の取材が始まったとき、金野は内陸部の北上支局にいた。本社から「この企画は支社局総動員でやる」と告げられ、ローテーションを組んで遺族取材を始めた。「亡くなった方の生きた証を残すことが、などと取材の趣旨を伝えるのですが、そんなに簡単に受け入れてもらえない。玄関口で私が『東日本』と言った瞬間に涙を流す人もいました」

金野は13年1月、東京支社編集部に転勤する。そこへ太田代から「関東圏でも続けてやってみないか」と声が掛かった。被災地から離れた首都圏にも親族に身を寄せた遺族がたしかにいた。でも平穏な日常が広がる関東ではなんだか実感がない。それでもおずおずと電話をし、趣旨を告げると「わざわざ取材に来てくださるんですか」と意外な答えが返ってきた。

金野はその後東京、埼玉、千葉などで数十人の遺族に取材したが、拒否されたケースはほとんどなかったという。「遺族の方々が避難してきた大都会では、自分の気持ちや亡くなった親族のことを聞いてもらう機会が少なかったのではないか。岩手県内での取材では相手を傷付けるだけじゃないかと思うこともあったが、東京で取材してみて考えが変わりました」

心の重荷を分かち合う受け皿としての新聞。それは人によっては迷惑なこと、おせっかいなことかもしれないが、新聞はそうした役割を担う可能性もあるということを記者たちは知った。

刻名、そして刻命

「忘れない」の紙面掲載が始まった2012年3月11日午後、陸前高田の新聞販売店から岩手日報がなくなった。口コミで連載が伝わり、近隣の人たちが相次いで買い求めたためだった。

懐かしい顔写真の脇に添えられたわずか150字の逸話。「庭木の剪定が上手で、口数は少ないが優しい人だった」「面倒見がよく、礼儀や生活態度に厳しい熱血教師だった」……。販売店でまとめ買いしに来た地区の長老は「これは永久保存版だ」とつぶやいたという。

斎藤孟は「この取材を通して意外だったのは、被災者たちの多くが知人友人がどうして亡くなったかを1年過ぎても知らなかったということです。近隣同士でもなかなか聞けなかったことが『忘れない』を読んで分かったという人が大勢いた」と話す。

「忘れない」は震災1年目の当日から連日計8回を掲載。その後は月1回のペースで続き、その年の10月までに都合65ページ計2959人の人生のひとコマが活字になった。取材はその後も続き、掲載した犠牲者は2021年3月までに3488人、取材に関わった記者は89

人に上った。

　ほとんどは顔写真も掲載したが、遺族が拒否したり写真が入手できなかったりした場合は記事だけで紹介した。遺族にたどり着かなかったケースや取材拒否もあり「6000人」には遠く及んでいないが、一人ひとりの「生」は確実に記録された。1年前の名簿報道が「私はここにいます」という叫びを伝えた「刻名」ならば、「忘れない」は「生きた証」を刻んだ「刻命」であった。

↗ 連載企画「忘れない」紙面

　連載は一段落したが、実はこの仕事はまだ続いている。震災前に斎藤が牛山から聞いていた被災者たちの行動記録だ。太田代は斎藤と相談して被災者のデータベースをつくることにした。名前、生年月日、遺族の連絡先に加え、連載取材で聞いた震災時の居場所や被災当日の行動を書き込むフォーマットを作成した。このデータベースづくりの中心を担ったのが東京編集部から本社に戻った金野だった。

金野は「震災から十数年経って、もうどこの誰がどんな被害に遭ったのか分からなくなり始めている。でもデータベースがあれば、何年も前の記録が現在につながっていく。節目にもう一度連絡をとりデータをその都度更新することで、過去のことが未来につながる仕事になるんだと思います」と話した。

> 「先のことを考えても仕方がない。
> 配れるところだけでも
> 俺たちが直接配ろう」

半日遅れで届けた特別紙面

話を震災当日に戻す。この章の前半で書いた避難者名簿報道も、連載企画「忘れない」も、当然のことだが新聞が配達されなければ読者の元に届かない。岩手日報販売局は当日どう動いたのか。

あの日、販売局の幹部・スタッフ20人はほぼ全員が本社近隣のホテルで開いた盛岡市周辺の販売店所長を集めた会合に参加していた。地震発生は会議が終わった直後のことだった。販売部次長だった高橋裕幸（42）は当時をこう振り返る。

「本社1階の販売局に走って帰って全県96販売店の安否確認をしました。しばらくするとテレビで津波の映像が映って、ぼう然と見ているとほぼ同時に電話も通じなくなった」。沿岸21販売店のうち宮古、大槌、釜石、大船渡、陸前高田など12店が全壊か半壊だと分かったのはずっと後のこと。犠牲者は店主3人、配達員11人を含め計25人に上った。

高橋の頭に浮かんだのは今夜の配送はどうなるのか。停電になって紙面印刷はできそうもない。販売店では安否が分からないところもある。いや、沿岸部はとても新聞配達どころではないはずだ。悶々とするうちに臨時役員会で、印刷は災害援助協定を結んでいる青森市の東奥日報に委託すること、紙面は4ページとすること、梱包した新聞には販売店の宛名を付けずトラックに載せることが決まった。

高橋は連絡がついた県北沿岸部の販売店に決定事項を伝えたが、「道路寸断で届きっこない」「持ってきてもらっても配れない」などと話す店主も少なくなかった。委託印刷した紙面もいつ本社に届くかわからない。届いたところでどこに配達するのか。販売局の職員らも不安を口にした。高橋は「先のことを考えても仕方がない。配れるところだけでも俺たちが直接配ろう」と職員を鼓舞した。

委託印刷した新聞15万部が本社近隣の制作センターに到着したのは翌12日午前11時半ごろ

だった。被害が少ない販売店にはそのまま直送し、沿岸部など被害が大きい地域には販売局員がトラックに同乗して避難所などに置いて回ることにした。「三陸沖M8・8大津波　死者数百、不明多数」の見出しをとった朝刊「特別紙面」4ページが読者の元に届いたのは半日遅れの12日夕方だった。

岩手日報

三陸沖M8.8大津波

本日特別紙面

死者数百、不明多数

関連記事2〜4面

宮城震度7
大船渡6弱

県内
死者57人 不明150人超
300棟倒壊、77万戸停電

↗ 3月12日付の岩手日報一面

「新聞が届くだけで心が休まる」

販売店の側はどうだったのか。宮古市と大槌町の間にある山田町で販売店を営む梶山正敏（42）がようやく本社販売局と連絡が付いたのは震災5日目のことだ。町役場の固定電話から「生きてるよ」と伝えた。海岸から百メートルほどしか離れていない販売店は全壊。津波直前に高台に避難した梶山一家は幸い無事だった。

本社制作センターから梶山の自宅に梱包（一束100部）された新聞が届くようになったのは22日。最初は町内に20か所ほど設けられた避難所に持って行った。その後、無事だった配達員を探し出し、少しずつ個別配達を再開しようとしたが、ほとんどの家屋は津波や火事で消失。しばらくは避難所と仮設住宅に梱包を無料で置いて回った。

「販売店が全壊したので配達台帳を失い、これを作り直すのに苦労しました。配達員の記憶頼みだったが、ほとんどの家屋が消失しているので仮設の住所を新たに登録してもらったり、継続が不可能になった隣町の販売店の分をカバーしたりで、軌道に乗せるまで数か月かかった」

しばらくの間底ばい状態が続いた山田町販売店の配達部数は、現在震災前とほぼ同じ2360部まで回復している。

震災直後の岩手日報紙面はこうした販売店の努力もあって被災者の手元に届いた。発災翌日の発行号数は第26502号。1961年3月31日に社屋が全焼した際にも辛うじて発行を続けた紙齢は今回も何とか継続できたが、それは新聞社の自己満足ではない。12日以降、避難所では新聞が届く時刻になると玄関口まで来て配送のトラック到着を待つ人もいた。届けられた新聞は皆が回し読みするため夕方にはボロボロになった。何より、販売に携わる人々の心に響いたのは「新聞が届くということだけで心が休まる」とつぶやいた避難所のお年寄りの言葉だった。

注

†1――「安否情報が一番大事」：太田代記者は名簿報道のほかに救援物資がどこにあるかや営業中の小売店、受診可能な医療施設などをまとめた「生活情報」欄の新設を提案し、13日からスタートさせた。

†2――岩手・宮城内陸地震：被害は岩手県奥州市と宮城県栗原市に集中。建物被害より山間部の土砂災害が多く、発生から災害実態の把握までに時間がかかった。

†3――土地勘：歴代支局長らが寺社や集会所などを知っていたため避難所の所在把握が早く、自治体や自衛隊から岩手日報に問い合わせが相次いだ。

†4――ネット名簿：岩手日報のサーバーがダウンしたため、この間、名簿は北海道新聞のサイトや共同通信が運営する「47（よんなな）ニュース」に転載された。

第5章

山を動かす

特ダネより大事なものを

神戸新聞「裁判所の少年事件記録廃棄」報道

神戸新聞の編集局報道部長・小山優《こやままさる》（54）が2022年度の年間企画案を募るメールを部員全員に出したのは前年9月のことだった。この年の4月に報道部長に就いて半年。企画会議は例年のことだが、今回は特別の思いがあった。

モヤがかかったままの25年

四半世紀前の1997年。入社6年目の小山は兵庫県警捜査一課担当を命じられていた。地元紙の県警一課担といえば将来を嘱望された若手のエースである。一方で、絶対に全国紙には負けてはならないプレッシャーもつきまとう。そんな中で、あの連続児童殺傷事件が起きた。

犯人は2月に女児2人をハンマーで殴打。3月に別の女児をハンマーで撲殺し、さらに別の女児の腹を刺した。5月には6年生の男児を絞殺して頭部を切断、中学校の正門前に遺棄した。さらに現場に「酒鬼薔薇聖斗」と名乗る「挑戦状」を置き、神戸新聞にも「犯行声明文」を送り付けるなど事件は異様な展開をみせた。そしてほどなく逮捕されたのが14歳の少年だったことから世間は騒然となる[†1]。

現在は編集局長の要職にある小山は述懐する。

「抜かれまくったんです、ほんとうに。加えて、まったく関係のない人を犯人ではないかと考えたりして。事件が終わったら社を辞めようとさえ思っていました」

実際は他社の飛ばし記事に翻弄されていた部分もあったのだが、「今でも記憶にモヤがかかっている」というほどの痛恨の日々だったという。一方で、少年事件の審判は非公開なので少年Aがなぜ事件を起こすに至ったのかは分からないまま。「祖母の死をきっかけに人が死ぬことに興味を持った」とされた動機や公表された精神鑑定結果についてもしっくりこなかった。にもかかわらずこの事件をきっかけに少年事件は厳罰化の動きが加速し、小山は言い知れぬ違和を抱えながらその後の記者生活を送った。

この年の企画会議で小山が秘めていた思いというのは自らが抱え込んだ違和を整理し、あの事件の核心にもう一度迫ってみたいということだった。翌2022年は事件からちょうど25年。そして4月からは少年法が改正され成人年齢が18歳となって18、19歳を「特定少年」として刑事裁判に道を開くことになる。このテーマを年間企画に掲げることは事件の地元紙としてもふさわしいと小山は考えた。

起点となった元主任検事への取材

「こうした仕事はあいつかなあ」。小山の頭に浮かんだのは編集委員の霍見真一郎（46）だった。一匹狼タイプだが構想力と突破力がある。社内の立ち話では「人口減少の企画案を出すつもり」と言うので、「お前にしてはフツーのテーマだな」と皮肉った。察しのいい霍見は会議本番で少年法を含めた実名と匿名の在り方の問題を提起してきた。導入部にあの事件を据える構成だった。

10月の会議では各記者の企画案が提案者名を伏せた上で投票に付されたが、霍見の提案は意外にも上位ではなかった。小山が自ら意義を説くと、デスクや記者たちからは企画の進め方についての積極的な意見が相次ぎ、年間企画はこの事件と少年法改正の流れを問うテーマに決まった。22年4月からスタートする新企画は「成人未満」というタイトルで、取材、執筆は霍見一人が担うことになった。小山は「チーム取材は焦点が散漫になり薄まってしまう。中身の濃い企画にするためには霍見一人に委ねるべきだと思った」と話す。担当デスクは司法・事件取材歴が長い永田憲亮（47）が指名された。

霍見は当時を振り返ってこう語る。「小山さんがあの事件を再検証するのに積極的だと知りすごいなと思いました。うちだけではなく、あの当時の報道は誤報も相当あって携わった人たちはあまり触れられたくないはず。それを敢えてやろうというのだから」

改正少年法の施行は4月1日。企画の第1回はその前日の3月31日朝刊とした。第1部のテーマに選んだのは少年事件3人の「その後」。14歳で神戸の連続児童殺傷事件を起こし2005年に医療少年院を退院した少年A。山口県光市で母子を殺害し犯行当時18歳ながら極刑となった死刑囚。[†2] 神戸市で男子高校生を刺殺して11年間逃亡し逮捕時に28歳だったにもかかわらず少年法が適用された男。[†3] 三者三様の少年事件の事後を追うことで、法律と被害者感情などとの矛盾を浮き彫りにした。

第2部は「少年Aがなぜあの事件を起こしたか」を深掘りすることにした。事件の再検証はこの企画の柱であり、小山自身の「特別な思い」を映したテーマであった。

霍見は刑事事件の取り調べとの違いを知りたいと考え、少年Aを担当した元主任検事（後に弁護士）にインタビューした。そして、この取材が記録廃棄を発掘する大きなきっかけとなった。

淡々と「廃棄済み」

元検事は「100時間以上は彼と向き合った」と切り出した。しかし、刑事罰を問えない年齢であったことから、有罪立証のための通常の調べとはまったく様相を異にしたものだったという。霍見の取材に対し元検事は「日本国民全員が捜査官みたいになって、なぜ14歳の少年がこんな事件を起こしたか、真相を知りたがっていた。それを解き明かす作業を誰かがやらないといけないとなれば、検察しかないとなったんです」（「成人未満」第2部から）と答えている。

調書は刑事裁判に必要な「立証」ではなく、少年審判で「更生」を考えるための資料としてつくった。だから犯罪立証と矛盾する話も躊躇なく盛り込んだ。焦点は、少年Aがどのような過程を経てこうした事件を起こす人格を形成していったのか、という一点だった。

「調書っていうのはね、聞かないと取れないんです。自発的にしゃべるのを書くのではない。聞き方によって、答えは変わる。ただこの子が怖かったのは、頭が良すぎて、調べ官が何を欲しているのか理解していた。相手が聞きたい、言ってもらいたいことを敏感に感じ取る力を持っていた。だから、誘導にならないよう質問には注意しました」（同）

検事は退官していたが在職中に知り得た内容には守秘義務がある。だから詳細は語らない。霍見は事件記録に関心を持った。少年事件の事件記録は家裁が保存しているはずだが、少年の更生を重んじる少年法の規定で門外不出。[†4] 閲覧申請しても出てくるはずがない。それでも、事件記録の閲覧請求がどういう理由で非開示とされるのかを知っておきたいと思った。

霍見は6月末、神戸家裁に出向き、連続殺傷事件記録を閲覧請求した場合の家裁の対応について問うた。閲覧請求しなかったのは、そんなことをしても無駄だと思ったからだ。その結果が伝えられたのは秋の気配が漂い始めた9月上旬のことだった。家裁に赴いた霍見は対応した担当者の言葉に息をのんだ。「当該の事件記録は廃棄済みのために閲覧、謄写はできません」。担当者は悪びれることもなく淡々とこう言った。霍見はあっけにとられた。想定すらしていなかったことだった。しかし、平静を装って長期保存する仕組みはなかったかを問うた。担当者は、少年が26歳になるまでは保存義務があるが少年Aはそれを過ぎていること、2020年に永久保存に当たる「特別保存」[†5]という規定はあるが、廃棄経緯は不明であることなどを説明した。

しかしやり取りを重ねても腑に落ちない。担当者は、最高裁が示した記録保存に関する通達で「史料的価値のあるもの」は26歳を過ぎても特別保存の対象になるとも説明している。霍見自身、記録保存についての詳細な知識がなかったが、説明には矛盾を感じ「捨ててはいけないものを捨てたと私は思います。家裁の見解を示してほしい」と告げて社に戻った。

事件記録がすべて廃棄されていたと霍見から報告を受けた小山の第一感は驚きよりも「残念」のひと言だった。「万にひとつ、どういう記録が出てくるか楽しみにしていた」のだが、「これは大変なことだ」と思い直した。廃棄と非開示では雲泥の差がある。廃棄されたとなれば少年Aの「心の闇」に迫った当時の詳細な記録は永遠に無に帰すことになる。気を取り直して「どんな形でニュースにしていくんだ」と聞くと、同席していた担当デスクの永田は「ちょっと準備します」とだけ答えた。これだけでも十分な特ダネだ。しかしその事実だけ報じても記録廃棄の意味が十分に伝わらないと霍見と永田は考えていた。

彼らが着手したのは裁判や少年事件の記録保存の規程がどう変遷してきたかを子細に知ること。そして記録を捨てることがなぜいけないのかを自分自身の中で整理し一般読者が分かるように説明することだった。

司法行政VSアカデミズム

調べてみると、事件記録の管理に関する規程は曲折の歴史だった。最高裁は1964年に全面改定した「事件記録等保存規程」で事件記録の保存期間を定め、少年事件は26歳まで保存する一方、「史料的価値のある」事件記録などについては「特別保存」（永久保存）とすると した。一定の年齢が来たら少年事件記録を原則廃棄するというのは、少年審判があくまで更生を促すことが目的であり、記録をいつまでも保存することは少年の将来に差し支えるという法の趣旨に照らした措置だ。ちなみに連続児童殺傷事件の少年Aが26歳になったのは2008年で、神戸家裁が記録を廃棄したのは2011年2月28日だったことが後に分かっている。

その後歳月を重ねるにつれて事件記録が各裁判所の書庫にあふれかえり、最高裁は1992年1月に民事事件の判決原本について永久保存から50年に変更した。これに対し学者などから反発の声が上がり、92年2月、最高裁はあらためて「事件記録等保存規程の運用について」とする通達を出し、「世相を反映した事件で史料的価値の高いもの」「全国的に社会の耳目を集めた事件」など特別保存の基準を具体化した。一方で最高裁はこれに先立ち各裁判所に書面を配布し「一旦特別保存に付した事件記録等についても、年月の経過等により特別保存を取りやめることも検討すること」などと、特別保存指定の増加を抑え込むための「保存記録の膨大化の防止策」を示している。

2019年2月、朝日訴訟[†6]など憲法判断を争った歴史的な事件の記録が多数廃棄されていたことが発覚。最高裁は「特別保存」に当たるものとして「主要2紙以上に終局に関する記事が掲載された事件」「最高裁判例集へ掲載された事件」など運用要領のさらなる基準案を各裁判所に示し、翌20年から各裁判所で個別の基準作成が始まった。

このように事件記録の保存制度は変遷を重ねたが、多くの裁判所職員にとって過去の事件記録は書庫のスペースを狭める無用の長物とみられがちだったようだ。日々の公判に追われる裁判官の関心も薄く、世間的な注目度も低い。一方で一部の学者や研究者、弁護士からすると事件の経緯や背景を検証する歴史的な資料だ。事件記録の保存は、司法行政とアカデミズムという狭い世界のせめぎ合いの中で揺れてきたことが分かる。

神戸家裁の担当者が悪びれずに対応したのも司法行政的な背景があったからだろう。だが、あれだけの重大事件の記録をすべて廃棄するということは霍見の常識に照らしても腹に落ちない。少年Aの事件は間違いなく「史料的価値のあるもの」に当たるはずだ。霍見は法学者らに意見を聴いて回った。彼らが指摘したのは①非公開前提の少年事件といえども事件記録の廃棄は歴史の検証を不可能にする②事件記録は司法の所有物ではなく国民の財産であり裁判所が独自に存廃を判断するべきではない③そもそも最高裁が各裁判所に示した通達が曖昧

――というものだった。

「大事なのは特ダネじゃなくて、この問題を世間に深く理解してもらい、最高裁を動かすことじゃないか」

焦る気持ちを抑えて

霍見が次に取り組んだのは、これが神戸家裁だけの話なのか、他の家裁は重要事件をどう扱っているのかを調べることだった。全国で起きた大きな少年事件をリストアップし、少年審判が行われた家裁に片っ端から電話で取材した。霍見は当初、どこの家裁でも廃棄が進んでいるのだと思っていたが、そうではなかった。

2000年に17歳少年が逮捕された西鉄バスジャック事件の記録は佐賀家裁が「特別保存」に指定し保存されていた。1993年に山形県内の中学校でマットにまかれて男子生徒が死亡した事件は山形家裁が保存期間を延長していた。一方、長崎県佐世保市で2004年6月に同級生が起こした小学6年生女児殺害事件の記録は廃棄されていた。2000年に愛知県豊川市で17歳の少年が夫婦を殺傷した事件もそうだった。「なんなんだ、これは」と霍見は思った。

霍見から報告を受けた永田は「神戸だけの話じゃない。対応がバラバラということは最高裁の指揮・通達が機能していないということだ」と考えた。神戸家裁の記録廃棄は一気に日本の司法行政の在り方を問う大きなテーマになった。霍見も「目の前にある問題の全体像が見えた気がして心臓が高鳴った」と述懐する。

こうした取材を続けながら霍見は焦りを感じ始めていた。何人もの法学者に話を聞き、各地の家裁に電話取材を重ねて情報が洩れる可能性が大きくなっていた。「これほど大きなネタが入ったのに他社が気付いてもし抜かれたら……」。そこを諭したのが永田だった。「いま出しても十分特ダネでいける。でもどうせならしっかり磨き込んだものを出そう。大事なのは特ダネじゃなくて、この問題を世間に深く理解してもらい、最高裁を動かすことじゃないか」

特ダネを出しても事態が変わらなければ自己満足で終わってしまう。新聞記者は業界内で評判を得るためにやっている稼業ではない。霍見もそう考えた。焦る気持ちを抑えて次の課題に取り組んだ。

9月下旬、霍見は東京に出張した。最高裁の見解をただすためだった。この時のことを霍見は「今後の取材に差し支える」と言い、あまり語りたがらないが、先方の対応は冷淡だったようだ。事前に神戸から電話で幾つかの問い合わせをし、その回答の準備ができたとの連絡を受けて投宿先のホテルから最高裁に出向こうとすると、担当者は電話で答えたいという。

仕方なく部屋の中でメモを取り続けたが、何のために上京したのかと霍見は腹が立った。

結局、最高裁の見解は「事件記録が特別保存に付されなかった理由や、廃棄された当時の状況については不明であり、当時の神戸家裁における廃棄の判断が適切であったかどうかについて、最高裁として見解を述べることは差し控える」というものだった。

相前後して、霍見が別途見解をただした神戸家裁が連絡をしてきた。

しかしそれは「回答」と言える内容ではなかった。面談した担当者は特別保存に付されなかった理由、廃棄された時期・経緯いずれも不明だと述べた。霍見は失望したが、やりとりを重ねるうちに先方に微妙なニュアンスの変化がみてとれた。担当者は「廃棄に際して実際にどのような検討がなされたかが不明なので適否は判断できない」とする一方で「現在の特別保存の運用からすると、当時の記録保存の運用は、適切でなかったと思われる」と述べた。

この意味を分かりやすく翻訳するとこうなる。当時の判断は2020年に最高裁が各裁判所に記録保存に関する運用要領の基準作成を促す前のことであり、また廃棄の経緯も分からないから一概に是非は言えない。ただ現在の運用要領に照らせば「適切ではなかった」。つまり、現時点の物差しでは適切でないが、ルールの運用が変わる前のことだから問題があったということではない――。

家裁が最高裁など上級庁と詰めに詰めて絞り出した苦肉のコメントであることは明らかだった。

3つのスルー

霍見が神戸家裁の担当者から事件記録が廃棄されていたことを伝えられたのは2022年9月上旬。その事実は社内でも担当デスクの永田憲亮、報道部長の小山優などごく少数しか知らせなかった。[†7]

追加取材の間、霍見は永田に「もう記事を出しましょう」と何度か訴えた。廃棄を知ってから、既に数週間が経過していた。永田の言い分はもっともだと思うが、どこで他社に漏れるか分からない。せっかくの特ダネも他社に抜かれたら台無しだ。そんな焦燥が日々募っていた。その都度、永田は「だいじょうぶだよ。他社が触ったら必ず〝当たり〟があるから」となだめた。

事件記者の経験が豊富な永田には、この種の事案はたとえ他の記者が気付いたとしてもすぐに紙面化することは難しいと分かっていた。他社が追加取材をすればこちらにも伝わってくるので、その段階で対応すればいい。大事なのは、なぜ記録の廃棄が問題なのかを踏み固めること。そして最高裁に非を認めさせて保存制度を確固たるものにすることだ。永田はそう考えた。

霍見と永田が懸念したのは「3つのスルー」だった。それは①他のメディアが追わない②世論が喚起しない③最高裁が動かない――の3点だ。究極の目標は司法のトップである最高裁が問題の所在を明らかにし、事件記録保存の在り方を見直すこと。しかし現時点で最高裁は非を認めようとしていない。事態を動かすためには他社が後追いし、世論を喚起することが必要だった。

それには一般の読者が一読してすぐに分かる記事にしなければならない。霍見が書いてきた予定稿をみて、永田は「うちの妻には分からないよ」などと何度もダメ出しした。法律の専門用語や論理の飛躍を徹底的に排除し、神戸家裁の対応が最高裁の内規に抵触していることと、記録の廃棄は国民財産の損失であることをわかりやすく伝えるよう指示した。

霍見や永田の心の支えになったのは、被害者遺族の言葉だった。霍見が少年Aに小学6年男児を殺害された父親に記録廃棄の事実を伝えると「大きな問題があると思う。特殊な事件でもあり、今後の検証のためにも資料の保存は重要だ」「遺族の立場では、資料が保存されていたとしても現実的には閲覧できないということでは事情は変わらないが、廃棄されたことについては、やはり憤りを感じている」（2022年10月20日付神戸新聞朝刊などから）と家裁の対応に不信感を募らせた。事件の当事者も思いを共有している。霍見らは意を強くした。

三権の一角との闘い

だが神戸家裁、最高裁が非を認めず、廃棄した経緯の調査も否定しているという現実は霍見らの心に重くのしかかった。自分たちのやろうとしていることは三権の一角である司法のトップとの闘いである。目の前にある壁は恐ろしく厚く感じた。

ある日、報道部長の小山が霍見と永田に声を掛けた。特ダネを一面で報じる一方で、年間企画の「成人未満」の連載第3部をこの記録廃棄問題でやったらどうかという提案だった。霍見の取材で全国の家裁が記録保存についてまちまちの対応をしていた実態が浮かび上がった。さらに最高裁が把握している特別保存の事件記録が7件のみで、佐賀家裁の「西鉄バスジャック事件」（2000年）を特別保存している事実を知らなかったことも分かっていた。

霍見と永田は話し合い、これらを初日の特ダネの続報として2日目、3日目の一面トップで報じ、社会面の連載企画「成人未満」第3部で問題点や背景を深掘りすることにした。連日一面、社会面で報じることで、神戸家裁の廃棄が神戸固有の問題ではなく、司法全体の記録管理や最高裁の統治力が問われていることが明確になる。

10月に入り3日間の記事構成が固まった。しかし別の問題が浮上した。それは当時、世間を賑わせていた東京五輪パラリンピック汚職報道だった。大会組織委員会の元理事が大会のスポンサー企業である紳士服大手から賄賂を受け取ったとして2022年8月17日に東京地検特捜部に逮捕された事件は複数のスポンサー企業に広がり、広告大手ＡＤＫホールディングス社長の関与が焦点となっていた。

「事件が大きく動くときにぶつけるのはまずいな」。報道部長の小山はせっかくの特ダネが五輪汚職報道にかき消されることを懸念していた。

霍見の予定稿は10月上旬にほぼ仕上がっていた。小山は「他社に後追いしてもらうためにも、初報は役所が開いている平日に出したい」と考えていた。しかし地検特捜が動くのも大抵の場合平日だ。実際、10月半ばの狙いを定めた日に汚職事件の動きがあって出稿を取りやめたことが何度かあった。霍見はそのたびに「またですか」と不満を漏らしたが、小山は「埋もれてしまっては元も子もない」と諭した。

ようやく霍見の特ダネ「『少年A』全事件記録を廃棄」が一面トップを飾ったのは10月20日の木曜日付朝刊だった。前日19日夜、朝刊統括の当番だった小山は午後9時過ぎになって「よし、いこう」と決断した。1面トップの本記、社会面の連載企画「成人未満」第3部「失われた事件記録」、第2社会面の識者談話など計8本を霍見一人が書いた。霍見が記録廃棄を知ってから1カ月余りが経過していた。

特ダネを前日のネットに

特ダネが掲載された20日の早朝、霍見は神戸家裁の玄関から入った1階ロビーにいた。霍見の報道を読んだ他社が家裁に後追い取材に来ることを想定しての待機だった。どのくらいの社が来るか。その時、家裁はどう対応するか――。ところが他社の記者はいっこうに現れない。「スルーされたか」と不安が募る中、携帯が鳴った。「共同通信がピーコ（速報）で追い掛けてきた」

通信社だけではなかった。神戸新聞13階の編集局中央には自社のネットニュースにどれだけのアクセスがあるかをリアルタイムで示すボードがあるが、ヤフーニュースにも転載された霍見の特ダネへのアクセス数は「爆発的な数」（永田）に達していた。

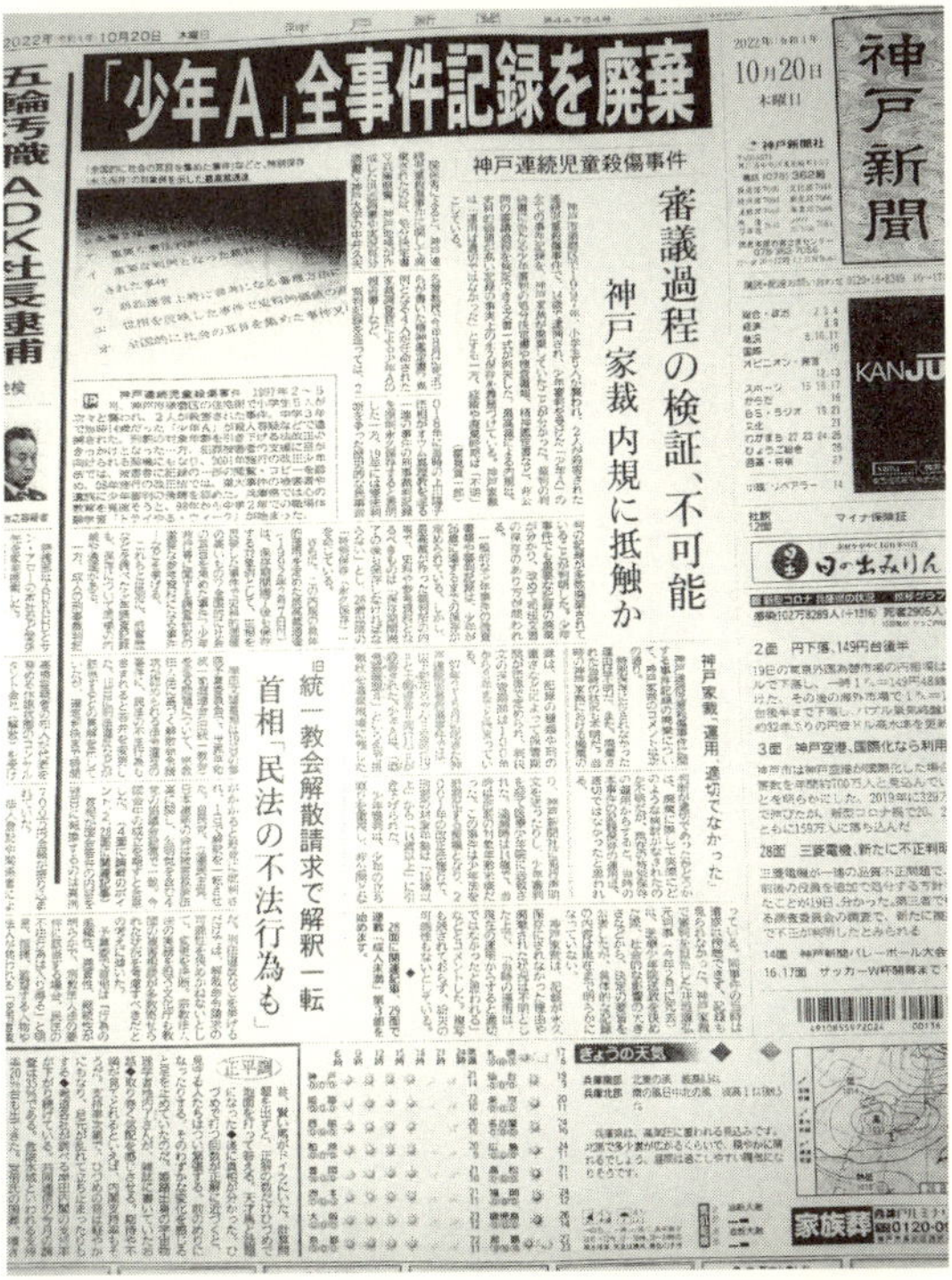
神戸新聞
2022年10月20日
木曜日
「少年A」全事件記録を廃棄
神戸連続児童殺傷事件
審議過程の検証、不可能
神戸家裁 内規に抵触か
五輪汚職 ADK社長逮捕
旧統一教会解散請求で解釈一転
首相「民法の不法行為も」

↗ 神戸家裁の事件記録廃棄を報じた2022年10月20日付神戸新聞朝刊

後で分かったことだが、神戸一面を見た他社の記者は朝から家裁の担当者に相次いで電話取材していた。これを知らずに霍見は昼前にいったん社に上がったが、家裁はあまりの取材の多さにレクチャーをすると各社に連絡、霍見は再び家裁に戻った。

昼過ぎから始まった家裁の説明は、「廃棄の経緯や判断理由は不明」としながら「現在の運用基準からすると（廃棄の判断は）適切ではなかった」という先日の霍見への回答をなぞるものだった。霍見はこれを夕刊一面トップの記事にした。締め切りを過ぎてからもレクは続き、家裁の担当者は事実関係の調査について「職員に聴取しても、個人の見解にとどまる」として、あらためて否定的な姿勢を示した。

夕刊作業を終えた霍見は「これで完全スルーは免れた。あとはさらに他社を巻き込むことだ」と考えた。そして、ひとつのアイデアを永田と小山に伝えた。「明日の朝刊用の特ダネを今日の夕方からネットに流したい」

翌21日付朝刊トップの予定稿は「長崎・小6女児殺害も廃棄　西鉄バスジャックは保存」という見出しで、少年事件記録の保存対応が全国の家裁でばらばらである実態を報じたものだ。霍見の狙いは、事件記録保存問題が神戸家裁固有の問題ではなく各地で同様のことが起きていることを20日のうちに伝え、21日の紙面で全国のメディアを動かすことだった。

しかしいくらデジタル速報が隆盛になったとはいえ、翌日紙面の特ダネを前日にネットでさらすというのは異例だ。永田は「本当にいいのか」と念を押すと、霍見は「はい。それでいってください」と応じた。小山も「最高裁を動かすには何馬身もリードするより他社を巻き込みながら進んだ方がいい」と同意した。

神戸新聞は全国の新聞社の中でもネットによる速報に最も力を入れている社の一つだ。霍見の発案もそうした社風の反映ともいえるが、それでも編集局内には紙を重視してきた年配の幹部などから「ホンマにいいくんか」などと多少の異論があった。中には「自分はここまで知っとるねんということを早く知らせるためやろ」という冷めた見方もあったが、小山は霍見の意向を尊重し、20日夕方に自社のネットニュース「神戸新聞NEXT」に翌日の特ダネ記事を流した。

木で鼻をくくる司法当局

小山は小山で別途策を講じた。自席から何社かの知り合いの地方紙報道部長に電話をかけてネットに流した翌日紙面の内容を伝えた。他県の事件を取材した結果だったので、神戸新聞として仁義を切る意味もあったが、全国で同様の事案があることを地元紙に報じてもらい、最高裁包囲網を築く狙いもあった。各社の部長は情報提供を感謝し、独自に取材を始めた。「後は全国紙がどう報じるかだな」と小山はひとり考えた。

全国紙の後追いは小山の期待ほどではなかった。大阪本社発行の紙面は読売が神戸の初報を20日付夕刊一面トップで後追いするなど大きく扱ったが、東京本社版はいずれも社会面だった。一方で、全国の地方紙は事前のネット速報や小山の電話作戦もあって、複数の社が21日付朝刊で独自に地元家裁への取材結果を大きく伝えていた。[†8] 小山は20日の午後、それまで霍見一人に委ねてきた今回の取材をチーム取材に改めること決め、報道部の若手や東京支社に担務表を配布した。

各社の報道にもかかわらず、司法当局は木で鼻をくくった対応を続けた。神戸家裁は被害者遺族への説明や謝罪について必要ないとし、最高裁は「(廃棄の経緯に)問題があったとは考えていない」と経緯の調査に消極的な姿勢を示した。葉梨康弘法相は会見で「刑事裁判(の記録保存)は法務省として重要なものはしっかり判断しているが、少年審判や民事に関しては裁判所が判断するもの」と素っ気なく話した。

霍見は連日の一面トップ記事とは別に、同時進行の連載企画「成人未満」第3部でこの問題の意味を書き続けた。特に力を入れたのは法曹、学識経験者の声だった。連続児童殺傷事件で付添人団長(弁護団長)だった野口善國弁護士は「(少年法改正の適否を判断するとき)専門家がこの事件を研究しないわけはない」と述べ、ジャーナリストの江川紹子は「裁判所関係者にとって事件記録は、自分たちの実務に使う物でしかなく、保存期間を過ぎれば『用済み』の存在でしかなかったのではないか」と指摘した。龍谷大の福島至名誉教授は「保存の原則と例外が逆ではないか。『なぜ残すのか』ではなく、『なぜ捨てるのか』を考えるべきだ」と最高裁の保存規程そのものに疑義を示した。

事態は少しずつ動き始めた。神戸市長や兵庫県知事が「(廃棄は)ショックだ」「適切でなかった」と相次いで批判。少年Aに10歳の長女を殺害された父親も「大変な問題だと思う。簡単に廃棄されているものか理解に苦しむ」とのコメントを出した。21日には大分、岡山家裁でも重大少年事件の記録が廃棄されていたことが分かった。

1か月後の謝罪

それは突然のことだった。特報から6日目の25日。最高裁が元検事ら外部専門家による有識者委員会を設置して事件記録の「特別保存」が適切に運用されているかどうかを検証すると共同通信が速報した。霍見と永田は、いきなり降ってきた朗報に驚いた。小山は「ようやく最高裁が動いた」と手応えを感じた。だが、まだ最高裁の本気度が分からない。手を緩めるわけにはいかなかった。

彼らの懸念とは裏腹に、その後の展開は一瀉千里だった。11月1日には霍見の取材で最高裁が全国の家裁にすべての事件記録廃棄の一時停止を指示する事務連絡文書（10月25日付）を送っていたことが判明。2日の衆院法務委で「裁判記録は誰のものか」と問われた最高裁の小野寺真也総務局長は当初「裁判所の責任で保管、管理している」と論点をずらして答えていたが、追及されると「裁判記録は国民のもの」と釈明した。10日には最高裁が神戸家裁の職員らに記録を廃棄した経緯の聞き取り調査を開始した。

そして22日の参院法務委員会。小野寺総務局長は「特別保存を適切に行うための仕組みが整備されておらず、規程、通達の趣旨に沿った適切な運用がされていたとは言い難い状況にあった。これは裁判所全体の問題である」としたうえで「最高裁として重く受け止め、率直に反省をしているところであり、事件に関係する方々を含む国民の皆様に対し申し訳なく思

2023年(令和5年)5月26日 金曜日 神戸新聞

最高裁 責任認め謝罪

調査報告書公表

不適切指示で記録廃棄

再発防止へ第三者委

失われた事件記録

発砲、立てこもり3人死

長野 女性1人と警官

神戸新聞

2023年(令和5年) 5月26日 金曜日

↗ 最高裁の謝罪を報じる2023年5月26日付神戸新聞朝刊

っている」と謝罪した。神戸新聞の特報から1か月後のことだった。

最高裁はその後、25日に開いた有識者委の第一回会合で、記録保存に関して全国の裁判所の実態調査に乗り出すことを表明。有識者委は23年5月まで計15回の会合を重ねて一連の記録廃棄について「最高裁による不適切な対応に起因する」と結論付け、常設の第三者委員会による保存の提言などの具体策を打ち出した。[†9]

正義の砦とされる司法の最高機関を、一地方紙が動かした初めての事案。それは抜かれる恐怖と闘いながら「特ダネの自己満足ではダメだ」と腹を括った小山、永田、霍見らの思いと周到な戦略の賜物ではあった。

ただ、大きな事件や政局の取材では必須の要素である司法当局の意思決定の舞台裏については、神戸新聞だけでなく東京に拠点を置く全国紙にもまったく触れられていない。当初は非を認めず経緯の調査もしないと言っていた最高裁の内部でどのような力学が働き、誰がどのような判断をしたのか。それを明らかにすることで初めてこの国の司法の構造的問題がみえてくるのではないか。

筆者が取材した限り、そこににじり寄ろうとした形跡はどのメディアにもなかった。裁判所はこの国において変わらず聖域であり続けているようにみえる。

「『歴史の余白』を見逃さず、書き残すことが
記者という仕事であれば、面白い、
自分に向いているかもしれないと思いました」

「当たり前」を逸脱する力

一連の報道を振り返ると、霍見という特異な記者のキャラクターが取材の難所を突破してきたことが分かる。それは門外不出と知りながら少年事件記録の扱いについて家裁の対応を問うたことだけではない。神戸家裁の記録保存内規の説明に納得しなかった頑固さといい、翌朝刊の特ダネを前日にネットで流す蛮勇といい、霍見には「常識」や「当たり前」を逸脱す

る力があった。組織の中で頑固さや蛮勇は時に周囲との摩擦源になり、円滑に進むはずの業務の障害物にもなるが、「常識」の陰に潜む落とし穴を発見する力でもある。それはどこで培われたのか。

本人がおずおずと語ってくれた逸話は、その一端を示すものだった。それは霍見が1998年に神戸新聞に入る前に朝日新聞出版局（現朝日新聞出版）で働いていた時の経験だった。当時、同社は「週刊20世紀」という写真を中心としたクロニクル誌を発行しており、霍見は読者などが秘蔵する戦前戦後の写真を収集し、連載コーナーで紹介することが主な仕事だった。

大阪本社に残る古い写真を収集するため出張した時のことだ。「おい、霍見君」と離れた席にいた年配の編集者に呼ばれ、霍見が近づくと彼は「この写真みた？」と声を掛けた。一枚のキャビネ版の写真の左上に拡大ルーペが載せてある。学徒出陣か何かで亡くなった若い兵士の墓と思われる墓前に花を手向ける女生徒たちの写真だった。霍見がルーペをのぞきこむと、一様に神妙な表情の女生徒たちの奥で、一人の少女が笑っているのが分かった。

霍見を呼んだ編集者は何か補足説明をしたわけではなかったが、ルーペの位置から「笑っている少女」を示したかったのは明らかだ。霍見は「歴史というのはそういうものだ」ということを伝えたかったのだと思った。

歴史は多くの人が納得する「結論」しか記録しない。学徒出陣で犠牲になった人の墓の前では「神妙な表情」の女生徒たちが「当たり前」の「結論」として記録され、人々に記憶される。しかし納得する「結論」ばかりが歴史ではない。写真の片隅で笑っている女生徒がいるのも歴史の一つである。歴史にはさまざまな側面がある。それを読者に指し示すことができれば、「神妙な表情」の女生徒たちも直前までは同様に笑っていたのではないか、この墓参自体が女生徒たちの自主的な行為なのか、といった想像力を刺激する。

霍見はそのことを「歴史の余白」と表現した。「『歴史の余白』を見逃さず、書き残すことが記者という仕事であれば、面白い、自分に向いているかもしれないと思いました」

「隣人」として何ができるのか

霍見は、最高裁の謝罪までの顛末を検証した連載企画「成人未満」第4部「少年事件記録の行方」を2023年6月に、更生を旨とした少年法と罪を犯した少年のその後の現実を対比した第5部「やんちゃの果て」を9月に紙面掲載した。そして24年初め、シリーズ最終章の第6部「紙と命――実名報道と極刑」を取材するため山梨県甲府市に出張した。18、19歳を「特定少年」として成人に準じて扱う改正少年法が施行されて初の対象となった甲府市夫婦殺人放火事件[†10]について、地元紙・山梨日日新聞社（山日）の記者たちに話を聞くためだった。

24年2月22日から7回にわたって掲載された第6部で霍見は山日の編集局長、報道部長からデスク、現場の記者たち十数人に取材を重ね、一人ひとりの葛藤を丁寧に描き出した。

19歳の男が起訴された22年4月8日、検察は男の名前を発表したが、山日内部ではその扱いをめぐって揺れた。[†11] 報道部長の中山純は約半年前の逮捕当時、周辺取材する現場記者らに対し取材を自粛するよう指示していた。男が少年法で保護される19歳とわかったからだ。霍見の取材に対し、中山は「うちの記者が名前を出して話を聞いた場合、それを報じることと同じ意味を持つのではないかと考えました」と答えた。取材自体を禁じたつもりはなかったが、男の人となりを取材しようとしていた現場は「いいんですか」「他社にやられちゃいますよ」と混乱したという。

一方で編集局長の三井雅博は逡巡の末、半年後の起訴の段階で実名報道を決断する。三井は霍見に対し「なぜ凄惨な事件が起きたのか、名前を出して取材し、背景を探りたかった」と答えている。男が「社会に戻るつもりがない」として心境をほとんど語らなかったことも背景にあった。社会部長の前島文彦も「（理解の）補助線を引けるような取材を私たちが十分してこなかった」と霍見に話し、少年法に配慮した取材の抑制が事件の全体像解明に支障をきたすとの考えを伝えた。

社内を二分した議論は紙面にも反映され、起訴された翌日の一面では本記の第一段落で匿名とし、第二段落で氏名を書いた。顔写真は掲載しなかった。特集面では、実名掲載について「全記者の考えが一致したわけではない」と社内の逡巡を率直に伝えた。地元紙の中で起きた葛藤と苦悩は、霍見の言う「記録すべき歴史の余白」であった。

一連の経緯を追体験した霍見は、自身が掘り起こした事件記録廃棄報道の意味を重ね合わせてこう考えた。事件の「原因」に目を向ける少年法と「結果」に軸足を置く刑法では、違う解釈がある。「少年事件記録」は双方の視点を後世に残す意味でもやはり「国民の財産」だ――。

そして地元紙にとって日々の取材対象は被害者であれ加害者であれすべて「隣人」と表現した山日幹部の言葉を借りて、2年近くに及んだ連載の末尾をこう結んでいる。

「少年犯罪は、それを受け止める『成人』の問題でもある。大人になろうとしている18、19歳に、私たち「隣人」は何ができるのだろうか」

1991年	11月	最高裁が各裁判所に「判決原本永久保存の廃止と特別保存について」の通知
1992年	2月	最高裁が「史料価値のあるもの」など特別保存に関する通達。少年事件は26歳になるまで保存
1997年	2～5月	神戸連続児童殺傷事件
	6月	少年Ａ逮捕
	7月	梶山静六官房長官が少年事件の厳罰化示唆
	10月	少年Aを関東医療少年院に収容
2001年	4月	刑罰対象を16歳以上から14歳以上とした改正少年法施行
2005年	1月	少年Ａが関東医療少年院を退院
2006年	6月	最高裁が光市母子殺害事件で「年齢は死刑回避の決定的事情とはいえない」と差し戻し
2008年		少年Ａが26歳に
2009年	8月	首相と最高裁長官が重要な裁判文書を国立公文書館に移管する申し合わせ
2011年	2月	神戸家裁が連続児童殺傷事件の全記録を廃棄
2019年	8月	朝日訴訟など歴史的事件の裁判記録が多数廃棄されていたことが判明。最高裁が各裁判所に保存規程の運用要領作成を指示
2020年		各裁判所が保存規程運用要領で判決時に主要2紙以上の掲載などの基準作成
2021年	10月	甲府市で夫婦殺人放火事件　19歳の男を逮捕
	12月	刑事責任能力を調べるため男を鑑定留置(約3か月)
2022年	4月	起訴後に18、19歳の実名報道が可能となる改正少年法が施行
		甲府市夫婦殺人事件で甲府地検が男を起訴し氏名を公表
	6月	霍見記者が神戸家裁に連続児童殺傷事件記録を閲覧請求した場合の対応問う
	9月	神戸家裁が霍見記者に全記録の廃棄を通知

↗ 裁判記録の保存と少年事件をめぐる動き

2022年	10月20日	神戸新聞が朝刊で「『少年A』全事件記録を廃棄」の特報
	21日	神戸新聞が朝刊で「長崎・小6女児殺害も廃棄」
	22日	神戸新聞が朝刊で「最高裁　保存把握7件のみ」
	25日	最高裁が各裁判所に事件記録廃棄の一時停止を指示する文書送付
		最高裁が有識者委員会設置への報道
	28日	連続児童殺傷事件の被害者遺族が神戸家裁に廃棄経緯の調査要望
	11月 2日	衆院法務委で最高裁の小野寺総務局長が「裁判記録は国民のもの」
	10日	最高裁が神戸家裁職員らに聞き取り調査開始
	22日	参院法務委で小野寺総務局長が「率直に反省」と謝罪
	25日	有識者委第1回会合。最高裁が全国の裁判所で実態調査表明
2023年	5月 25日	有識者委が「最高裁の不適切な対応に起因」とする報告書
		最高裁が記者会見し記録廃棄問題で謝罪

↗ 神戸新聞の事件記録廃棄報道

注

†1——神戸市連続児童殺傷事件：逮捕のきっかけは小六男児の遺体が見つかった数日後に現場近くで捜査員が少年Aに職務質問し、遺棄現場に残された「挑戦状」の文言をすらすら暗唱してみせたためだった。Aは被害者を知っているかと問われ「知らない」と答えたが、実際は弟が被害者の同級生だった。

†2——山口県光市母子殺害事件：1999年4月に山口県光市で起きた強姦殺人の加害者は犯行当時18歳30日。犯行が1カ月前であれば当時の法律では死刑は適用できなかったが、最高裁判決は、この点を「死刑を回避すべき決定的な事情とまでは言えない」とした。

†3——神戸市男子高校生刺殺事件：2010年10月に神戸市の住宅街で高校2年男子が刃物で刺され死亡。発生から11年後に28歳の男が殺人容疑で逮捕されたが、事件当時17歳だったことから少年法が適用され氏名などは明らかにされていない。

†4——少年事件の事件記録：少年法は更生させることを趣旨としているため家庭裁判所での審判記録は原則として公開されない。2001年の法改正で被害者らは審判終結から3年間は事件記録の一部閲覧が可能になったが、事件の真相を知りたいという被害者が民事訴訟を起こす例も少なくない。

†5——特別保存：最高裁の「事件記録等保存規程」の第9条は「特別の事由により保存の必要があるものは、保存期間満了の後も、その事由のある間保存しなければならない」とし、第2項では「史料又は参考資料となるべきもの」を指定した。

†6——朝日訴訟：国立岡山療養所に入所した結核患者が「国の定めた生活保護費では『健康で文化的な最低限度の生活を営む権利』（憲法25条）が損なわれる」とした行政訴訟。1960年に東京地裁で全面勝訴したが高裁で敗れ、上告中に本人が死去した。

†7——霍見記者からの伝達：最初に記録廃棄の事実を永田デスクに伝える際、霍見記者は一枚紙に事実関係をメモに

して無言で差し出した。神戸新聞13階の編集局には見学コースもあり、「どこで漏れるかわからない」(霍見)ため細心の注意を払ったという。

†8――地方紙の報道：中日新聞は10月21日付朝刊社会面で「豊川夫婦殺傷　名古屋家裁で事件記録を廃棄」と報道。翌22日付朝刊でも「永久保存　元名大生事件のみ」など独自取材の記事を掲載し、24日付には「事件記録は国民の財産」と題した社説を他紙に先駆けていち早く載せた。

†9――有識者委の報告書：報告書は「最高裁のこれまでの姿勢や取組等から、裁判所は事件処理のために記録を保管し、保存期間が終了すれば原則として記録を廃棄し、特別保存に付するのは極めて例外的な場面であるといった考え方が組織の中で醸成、共有されるに至ったことが問題」と指摘。第三者委の設置のほか①保存規程に記録を保存する意義を明記した理念規定を追加②国立公文書館への移管拡大――などの対策を示した。報告書の中で最高裁は「後世に引き継ぐべき記録を多数失わせてしまったことについて、深く反省し、国民の皆様にお詫び申し上げる」と総括した。

†10――甲府市夫婦殺人放火事件：2021年10月、甲府市の住宅街で当時19歳の男が同じ高校に通っていた女性に思いを寄せ、交際を断られたことから女性の両親を刃物で殺傷、妹にもけがを負わせ家に火を付けて全焼させた。事件から半年後の22年4月1日に20歳未満の少年の氏名や住所などの報道を禁じた少年法が改正され、18、19歳を成人に準じて扱うこととなった。犯人の男は通常であれば法施行前に起訴されるはずだったが、刑事責任能力を調べるための鑑定留置が行われたため、起訴されたのは法施行から8日後の4月8日で、検察は男の氏名を公表した。一審判決は求刑通り死刑で、男は控訴せず刑が確定した。

†11――山梨日日新聞の社内議論：2024年2月22日から29日まで神戸新聞が連載した「成人未満第6部　紙と命――実名報道と極刑」に拠る。

第6章

意地

どこを向いて仕事をするのか

中国新聞「河井夫妻大量買収事件」報道

週刊文春の記者10人余りが広島入りして3か月前の参院選[†1]で初当選した河井案里の選挙違反を追っている――。中国新聞の県政担当記者、樋口浩二（36）がそんなうわさを耳にしたのは2019年10月28日の月曜日だった。

屈辱

違反の内容は車上運動員のウグイス嬢に法定上限の1日1万5000円を超える報酬を支払っていた疑惑があるというものだった。樋口はすぐに上司に伝え、報道センターや東京支社の記者らと取材に走ったが、確たる情報は得られなかった。2日後の30日、都内の一部書店に並んだ文春の記事は「法務大臣夫妻のウグイス嬢『違法買収』」と題し、案里陣営がウグイス嬢らに法定上限の倍の3万円を渡していたこと、陣営を仕切っていたのは夫で法相（当時）の克行であることを報じた。

記事は、案里陣営が露見を恐れてウグイス嬢への領収書を1万5千円ずつ2つに分けていた手口を明かすなど詳細を極めたが、樋口らの取材では基本的な事実すらウラが取れなかった。「完敗だ」と樋口は思った。それでも地元紙として翌日朝刊に何も触れないわけにはいかない。編集幹部はやむなく「週刊文春が報じた」という形で紙面掲載することを決めた。

この段階でこれが安倍晋三政権を揺さぶる大きな事案に発展すると思った記者はいなかった。ウグイス嬢に法定の倍を支払っていたことは確かに問題ではあるが、「この程度の話なら他でもやっている」「文春砲にしてはシャビー（さびしい）だな」と負け惜しみのような声も出た。

一方で、中国新聞社内外では複雑な思いが広がった。文春が何をきっかけにこれを報じたかは定かではなかったが、この種の情報は九分九厘タレコミによるものだ。[†2] 広島で起きた事案がわれわれ地元紙ではなく、東京の出版社に持ち込まれる。これは何を意味するのか。地元不正の是正を願うのであれば、まずわが社に持ち込まれるのが当り前だった。民間人にも被害が及んだ昭和の暴力団抗争を現場記者として先頭に立ち追放キャンペーンを展開した元社長の今中亘（83）は文春の報道をみて「ウチに知らせれば応えてくれるという伝統はどこへいったのか」と慨嘆した。

当時、事件担当デスクだった荒木紀貴（46）は「ネタ元は文春砲の破壊力、全国的な影響力に期待したのだろう」と思った。しかし一方で、われわれに情報を提供しても確実に記事にしてくれるかどうか不安を持っていたのではないかとも考えた。

ネット言論の世界では、新聞などオールドメディアは権力と馴れ合い情報を握りつぶす「マスゴミ」だと揶揄されることが多くなった。今回のネタ元もひょっとして地元紙をそうした目で見ていたのではないか――。

そんなえも言えぬ思いと屈辱が渦巻く中で、翌31日朝、事態は急展開する。夫の克行は首相官邸に出向き、1か月半前に就任したばかりの法相を辞することを伝えた。これには誰もが仰天した。これまで選挙違反絡みの事案で閣僚が辞任したケースは枚挙に暇がないが、当初は弁明や謝罪を繰り返して役職にとどまろうともがくこと多い。法相という立場を考慮すれば辞任は当然という見方もあったが、報道があって即辞任という対応は、官邸主導のダメージコントロール[†3]をうかがわせ、単にウグイス嬢への違法買収にとどまらない闇の深さを感じさせた。

及び腰の反転攻勢

克行が辞任した31日深夜、報道センターのデスク、キャップらが集まり、今後の取材について話し合った。文春砲が一発で済むはずがない。二の矢、三の矢が必ず来る。そんな意見も出たが河井夫妻周辺の口は堅く、波及しそうなネタは何もつかめていない。重苦しい雰囲気の中で散会した。

その数日後、樋口が県政関係者から聞いたネタは、これが文春砲の続報ではないかと思える話だった。参院選の3か月前に行われた広島県議選で河井夫妻が自民党県議複数に現金を配っていたという情報だ。

当時政調会長の岸田文雄や元国家公安委員長の溝手顕正ら県政界の主流は宏池会系。河井夫妻は安倍首相や菅義偉官房長官の支援を受けているものの、県内では傍流であり当初は劣勢とされていた。逆転を目指す案里陣営は、菅との対談を掲載した自民党機関紙号外を3度にわたって県内全戸に配布するなど派手なPR活動が話題になった。現金供与が事実なら広島県政界は大混乱になる。樋口は「ここからが勝負だ」と腹を括り、めぼしい県議を総当たりすることにした。

成果は思いのほかすぐに出た。県議会棟の控室でうわさに上ったある県議に現金買収について水を向けると、当人は気まずそうに首を縦に振った。「封筒に入っていたのですか」と問うと再びうなずく。「金額は」との問いには片手の指で数字を示した。「10万のけたですか」。県議はまたうなずいた。現金入り封筒はその場で返したというが、参院選での支援を求める意図を感じたと語った。

別の県議も河井夫妻から「当選祝い」として現金50万円の入った封筒を渡されたと明かした。結局、総当たりした県議64人のうち4人が河井陣営からの現金供与を認めた。

現金の趣旨はいずれも曖昧だったが、供与があったのは3か月後に参院選が行われる県議選の前後。案里の選挙応援を依頼するための現金であれば公選法が禁ずる買収罪あるいは買収申し込み罪に当たる可能性がある。案里事務所に取材すると「公選法に抵触することは一切していない」という漠としたコメントを出してきた。

11月8日、案里の現金供与疑惑を報じた樋口の記事が掲載された。「文春砲」への反転攻勢第一弾だった。だが、この記事は一面でも社会面でもなく、「ワイド中国」という中面の地域版だった。当時の担当デスク高橋清子(45)は「少なくとも社会面トップで」と推したが、立件されるのかという疑問やニュース価値そのものに懐疑的な幹部もいて及び腰になったという。

樋口は「もう少し信用してほしかった」と述懐するが、当時は紙面の扱いよりも「とんでもない事案にぶち当たった」という思いが先行し、今後の全国紙や文春との取材合戦を考えると不安ばかりが募った。

「このままではやられ放題に」

ウグイス嬢への違法報酬と県議への現金供与という2つの疑惑は、市民団体が広島地検に告発状を出し、年末には検察の動きが取材の焦点となった。中国新聞の検察担当・中川雅晴(34)の取材の焦点は、検察が告発状を受理するかどうかだった。告発受理は捜査開始を意味する。検察の捜査開始は事実上、逮捕・起訴を目指すということだ。そうなれば広島政界だけでなく安倍政権を揺さぶる一大事件に発展する。中川は記者になって初めての大型案件に心を奮い立たせたが、連日の朝駆け夜回りでも検察幹部の発する言葉は「ノーコメント」だけだった。

株の世界には「人の行く裏に道あり花の山」という格言がある。それは報道の世界にも当てはまり、記者が取材対象の本丸だけを攻めてもなかなかネタは取れない。本丸が動く場合に必ず接触する別の組織なり人なりに守備範囲を広げておく。捜査機関の取材経験が浅かった中川もすぐにそれに気付き、地検の動きを映す確実な情報を取ることができた。「河井（案）氏陣営疑惑を捜査　広島地検着手」の見出しが朝刊一面に躍ったのは年もおし迫った12月28日のことだった。

中川は「この頃が一番楽しかったですね。文春砲を打ち返すことができたし、サツ担当としての面目も立った。でも、その後はまた地獄の日々でした」と述懐する。その言葉通り、年明けの2020年1月19日の日曜日、朝日新聞が一面トップで「案里氏秘書　違法性認める」との特ダネを打ってきた。ウグイス嬢への報酬が違法であることを秘書が認めたという内容だ。それは連座制の適用で案里の議員失職につながる可能性が出てきたことを意味していた。

中川は必死に追いかけたが、地検は「休日は対応しない」とにべもなく、県内の関係者を当たってもウラは取れない。結局、後追い記事さえ書けないまま降版時間を迎えた。

その夜、事件担当のデスク、荒木は中川らサツ担当の記者4人を集めて今後の対策を話し合った。「このままでは全国紙にやられ放題になる。何か知恵はないか」。広島地検、高検の検事の名前を一人ひとり挙げながら情報源を探ったが妙案は出ない。文春砲に抜かれた直後の会議と同様、気合を入れなおす儀式のような形で散会した。

追い打ちを掛けてきたのはまたもや文春だった。朝日の特ダネから3日後の22日午後、樋口のもとに「自民党本部から案里陣営に1億5千万円もの巨額資金提供があったことを文春が報じる」との情報が入った。党本部が異例のテコ入れをしているとのうわさは昨年末から県政界に流れており、樋口も取材を続けていた。だが文春がつかんだとなると先を越されるわけにはいかない。

党本部から政治団体への資金提供は年次の政治資金報告書に記載することが定められている。いわば遅かれ早かれ分かる話だったこともあり、樋口はその日のうちになんとかウラを取ることができた。「河井夫妻側に1億5000万円」の記事は23日付朝刊に載ったが、同日発売の文春は何回かに分かれた入金日やそれぞれの金額を示した詳細なもので、彼我の差は歴然だった。

3月3日、広島地検はウグイス嬢らに法定上限の2倍の報酬を支払ったとして案里、克行の秘書らを逮捕した。24日に起訴され、地検は迅速に審理を進める「百日裁判」[†4]を広島地裁に申し立てた。案里の秘書が禁固以上の刑が確定すれば連座制で案里の議員失職の可能性が出てくる。ただ、一連の事件の取材指揮を執る荒木や樋口、中川はこの事件がそれで終わるとは思えなかった。「本筋は地元政界への現金供与ではないのか。検察はどこまで立件するつもりなのか」。そんな不安と焦燥が渦巻く中、不思議なことが起きた。

つながらない携帯

和多正憲(41)は入社17年目の外勤記者だ。社内では「捜査官」の異名を持ち、自他ともに認める事件好き。今回の事件さなかの2020年3月1日に山口県防長本社から報道センター社会担当の機動遊軍チームに異動してきた。和多には山口時代に苦い経験があった。「しんぶん赤旗 日曜版」がスクープした安倍首相主催の「桜を見る会」をめぐる疑惑報道だ。公私混同まがいの後援会ツアーの話は和多を含め地元では知られていたが、赤旗やその後参戦した週刊文春に先を越され後追いに終始した。「今度こそ」という思いで和多は河井夫妻の事件取材に加わった。

それは3月26日未明のことだった。県政界で古くからつきあいのある人物から和多の携帯電話に連絡があった。「○○さんの携帯がつながらない。何か聞いていないか」

年明け以降、広島県政界では河井夫妻から現金を渡された可能性のある県議の名前が出回っていたが、携帯がつながらないという県議もその一人だった。和多は一瞬「自殺したのでは」と思った。探りを入れるために別の県議や広島市議に電話取材したが、不思議なことに何人かの携帯も不通になっていた。直接会いに行き理由を聞くと「壊れたから修理に出した」「たまたま置き忘れとった」など合点のいかない答えが相次いだ。「こんなに偶然は重ならない。検察に押収されたんじゃないか」。和多はほぼ確信した。

翌27日朝、和多は旧知の広島市議の自宅前にいた。この市議の携帯もつながらないままで自宅も不在。雨が降り続いていたが、検察に事情聴取されているとにらんだ和多は帰宅を待った。午後4時過ぎに帰ってきた本人と挨拶もそこそこに「検察に聴取されていませんか」とずばり尋ねた。市議は一瞬驚きの表情を見せたが、すぐに苦笑いをみせて自宅に招き入れた。

応接間で向き合った市議は匿名を条件に語り始め、地検の聴取と、携帯電話を押収されたことを認めた。市議は案里ではなく溝手を応援していたといい、受け取った数十万円は「検察に返した」と述べた。和多はそれでも被買収罪に問われるのではと感じたが、市議は楽観しているようだった。そしてこう言った。「検事は『本丸は東京ですよ。だから協力してください』と丁寧だった」。後に問題となる司法取引まがいの捜査をうかがわせる話だ。

和多と同じ機動遊軍チームの山田英和(34)も携帯の通じない別の市議に直当たりして地検の聴取と携帯の押収を認めさせた。デスクの荒木はようやく検察当局の意図が見えてきた。やはりウグイス嬢の違法報酬だけでは終わらない。票の取りまとめを目的にした大型買収事件こそが狙いだ。中国新聞はこの2人の証言をもとに3月28日付朝刊一面トップで現金買収について捜査着手の特ダネを放った。

「君たちはジャーナリストだろう。ジャーナリストは法律に触れてなくても世の中におかしいと問うことができる。それが仕事だろう」

検察からのエール

特ダネの出稿作業を終えた27日深夜、荒木はある決断をする。それは広島県知事、県議と県内23市町の全首長、全地方議員に対し、検察の事情聴取と現金授受の有無を総当たりすることだった。取材対象は500人超。中国新聞の本社、県内総支社局の記者を総動員することになるローラー取材だ。大人数をかけて徒労に終わるおそれもあったが、ここが勝負どころだと考えた。報道センター長の吉原圭介（52）に具申すると「おう、やろう。地元紙以外にこれができるメディアはない」とすぐにゴーサインが出た。

荒木は総支社局別の割り振り表を作った。まず着手したのは県知事と23市町長への取材だ。その結果、湯崎英彦知事と18人の市町長は聴取を否定。一方、三原市の天満祥典市長が聴取と現金の授受を認めたほか大竹市の入山欣郎市長も聴取を認めるなど捜査が自治体首長にも及んでいることが浮かび上がった。首長ローラー取材の結果は3月31日付朝刊社会面で実名で報じた。

　小坂真治・安芸太田町長ら数人は検察聴取の有無について当初は明言を避けた。その後、安芸太田町を管轄する北広島支局長の山田太一（35）が小坂を町長室で直撃すると、参院選の約2か月前に克行が現金20万円入りの封筒を自宅に置いていった経緯を話した。1時間余りの取材の後、小坂は写真撮影と実名報道を承諾し、紙面化された5日後に小坂は辞表を町議会に提出した。

↗ 広島地検の捜査着手を報じる2020年3月28日付中国新聞

　小坂はこの20万円を自身の政治団体への寄付として政治資金収支報告書に記載し、克行側に領収書も送っていた。そうすれば政治資金規正法上は合法だと考えたからだが、後日その記載を削除した。「公選法違反である買収目的のカネであることは免れない」と考えたからだった。しかし逡巡の末に非を認めた小坂のような被買収者は少数で、その後現金授受が確認された首長もこの時点では全面否定か説明拒否がほとんどだった。

一方、県議の口は堅かった。樋口が長く付き合い一定の信頼関係を築けたと思っていた県議のほとんどは「検察から口止めされている」と取材を拒否し、「現金など受け取っていない」などと後に判明する事実と異なる説明する議員もいた。

自他ともに認める負けず嫌いの樋口は取材を受けない議員の事務所や自宅に通い詰めた。検察が元県議や市議らの事務所、自宅の家宅捜索に乗り出したのはちょうどその頃だった。県議会も捜索対象になった。樋口は「地検は徹底的にやる気だ」と確信を深めた。そのうち匿名を条件に現金授受の経緯を語る議員も出始めた。樋口は実名で報じられない悔しさをかみしめながら、事実関係を紙面化していった。

連日の夜回りに「ノーコメント」しか言わなかった広島地検幹部に微妙な変化があったのは、中国新聞が知事と23首長のローラー取材の結果を朝刊で実名報道した3月31日の深夜だった。午後11時過ぎ、官舎の駐車場にタクシーで帰宅した幹部をテレビ、新聞・通信8社の記者が取り囲んだ。中国新聞の中川もその中にいた。

車を降りた幹部は自ら口を開き、前々日にコロナ禍で亡くなったお笑いタレントについて各紙が大きく扱ったことを「もっと報じることがあるんじゃないのか」と皮肉った。そして「言いたくない人に話を聴くのが俺たちの仕事だ。それは法律と証拠でしか評価されない。君たちはジャーナリストだろう。ジャーナリストは法律に触れてなくても世の中におかしいと問うことができる。それが仕事だろう」とまくしたてた。そして事件について尋ねようとする記者の質問を遮り「中国（新聞）さんに聞いてみろよ」と言った。

「俺は何も話していないのに、あれだけ自信満々に書くのは立派だ。他の社は別の話題で紙面のほとんどが割かれている。ほとんどのマスコミがそうじゃないか。書いているのは中国新聞だけじゃないか。当局ばかりに頼るな。われわれはわれわれのやるべきことをやる。あなた方もそうしたらどうなんだ」

各社の視線が中川に集まった。検察幹部からの予想外のエールに胸が熱くなった中川は、囲み取材の輪が解けるとすぐに車に乗り込んだ。そしてスマホを取り出し、この時間も取材を続けているだろう同僚たちに向けて、聞いたばかりの検察幹部の言葉を奮える指で打ち込んだ。

秘められた思惑

中川は当時をこう回顧する。「聞いた瞬間は『胸熱』っていうか、一人ひとりの議員や首長を回って不正を追及した自分たちの姿を見てくれていたんだなと。なんか検察に同志的な思いを抱きました」

だが、しばらくたって思いは少し変わったという。「地検もしんどかったんじゃないですか。我々の取材でもそうだったが被買収者はなかなか現金授受を認めようとしない。認めても選挙応援の趣旨を否定する。だから、あの検察幹部の言葉も単なるお為ごかしではなく、メディアにもっと書いてもらって世論を喚起し、被買収者らに『あなた方は孤立している』という包囲網を形成したいという思惑があったのでは」

その後、中川は検察が２０２０年1月に河井夫妻の自宅などを家宅捜索をした際、地方議員や首長らの名前と金額とみられる数字を列挙した書類を押収していたことを突き止め、紙面化した。書類は書斎の段ボールの中にあったという。地検がこの「買収リスト」をもとに聴取を進めていることは明らかだった。

そしてXデーがやってくる。通常国会が閉会する前日の20年6月16日夕、克行と案里は自民党に離党届を提出。閉会翌日の18日、東京地検特捜部は二人を公選法違反容疑で逮捕した。中国新聞はこの日がXデーと予想し、赤坂の衆院議員宿舎、麹町の参院議員宿舎など目ぼしい場所にカメラマンを配置したが、結局写真は撮れず仕舞いだった。

特捜部が公表した逮捕容疑は、２０１９年の参院選で票の取りまとめを依頼する目的で地元県議ら計94人に総額約２５７０万円を渡したという内容。ただ94人の被買収者の名前はこの時点では明らかにされなかった。

中川はこの94人[†5]を特定することが次の仕事だと確信した。そして実名は分からないものの、このうち約40人が県議や市議などの政治家であることを捜査関係者から聞き出し、6月20日付の朝刊一面で特報した。県内約５５０人の議員らを対象にした中国新聞の政治家ローラー取材では、河井夫妻が現金を持ってきたと証言したのは13人にすぎず、編集局内では「40人もいるわけないだろう」と訝る声もあったが、中川の取材の正しさは皮肉なことにライバル紙の特報で裏打ちされる。

6月26日、読売新聞は被買収者40人の政治家を一覧表にして実名で報道した。中国新聞の記者らは総出でこの一覧表に載った県議や市議を追った。依然として否認する人もいたが、進退窮まった何人かの議員は渋々現金の授受を認め、その後辞職も相次いだ。

一人ひとりの議員に当たる中で、府中町のベテラン町議・繁政秀子（78）の〝告白〟はある種の衝撃を呼んだ。繁政は遊軍記者、和多正憲の取材に対し、19年5月に克行から案里を頼みますと現金30万円入りの封筒を渡されたことを認め、その上で「（克行に）『安倍さんから』って言われた。いる、いらんのやりとりの時にね。それで受け取った」と語った。

克行のライバルである溝手顕正と安倍首相との確執、[†6] さらには政権幹部の異常な応援ぶりからみて、克行の言葉は箔を付けるための方便とも思えなかった。和多はこの事件に政権が関与していたことを確信し「『安倍さんから』と30万円」の見出しで大きく報じた。

東京目線の検察捜査

河井夫妻からの現金授受が県政界全体に広がっていくさまをみた編集局長の下山克彦（56）は「腰を据えて広島の政治風土を問い続ける必要がある」と考えた。7月初めのある晩、事件担当デスクの荒木紀貴を近くの居酒屋に連れ出し、長期連載の責任者をやってみないかと問うた。

荒木には過去に悔いの残る仕事があった。それは2005年の藤田雄山・前広島県知事（故人）の後援会不正事件だった。発端は政治資金パーティーの収入を実際より低く県選管に報告した政治資金規正法違反だったが、裁判の過程で藤田の後援会が過去の知事選で自民党県議らに現金を渡していたことが明らかになった。地検は時効を理由に動かなかったが、荒木は現金授受のうわさに上った県議10人を割り出し、実名報道した。ところが10人は全員その事実を否定。疑惑はうやむやのまま沙汰やみとなった。

「この時、県議会で先頭に立って知事を厳しく追及していたのが河井案里なんですよ。その当人が同じことをやっていた。いったいどうなってるんだ、と」

荒木は下山の打診に「ぜひやらせてください」と即答した。キャンペーン企画「決別 金権政治」は9月からスタート。この取材班は3年後に大量買収事件の原資が政権中枢から流れたとするスクープを報じることになるのだが、それは後段で記す。

取材班に参加しながら被買収者への聞き込みを続けていた中川はこの頃、妙な違和感にとらわれていた。検察は7月8日に克行と案里を起訴した。現金授受を認めた県議、市議らのうち8人は辞職しているが、40人のリストに載りながら否認あるいは取材拒否の県議らは職にとどまり続けている。正直に認めた議員だけが責任を取る。これは不公平ではないか。そもそも検察はなぜ被買収者を起訴しないのか。

そういえば1月初めに和多が取材した広島市議は「検事は『本丸は東京ですよ。だから協力してください』と丁寧だった」と話していた。別の取材でも検事が「ターゲットは河井夫妻。先生には政治家を続けてもらいたいと思っている」とある県議に告げたという話があった。公選法違反の捜査は司法取引が認められていない[†7]。それにもかかわらず検事は被買収者を起訴しないことを言外にほのめかして調べを進め、県議もそれを感じて現金授受を認めている。

中川は考えた。検察としては被買収者の対応が分かれる中で、認めた人だけを起訴するのは不公平だと思ったのかもしれない。だが、検察の関心は国会議員を挙げることで、それ以上でもそれ以下でもないのではないか。だからこそ、被買収者はこの際罪に問わず真実を語らせた方が得策と判断したのでは。もしそうだとしたら、それは地元を無視した東京目線の捜査ではないか。検察はどこを向いて仕事をしているのか——。

“

「写真を付けて『この人が河井夫妻から現金をもらっていた』ということを明確にする。検察が罪に問わなくても自分たちが問うていく。そんなつもりでした」

まるで選手名鑑

克行と案里の公判は2020年8月25日に東京地裁で始まった。検察の冒頭陳述では現金受領者は逮捕時から6人増えて100人となり、その実名と金額が初めて明らかにされた。中川が6月に報じた通り、このうち40人は県議や市町議、首長の職にあった政治家だった。中川は公判が終わるとデスクの荒木に電話をし「1面の本記や社会面とは別に中面1ページを確保してほしい」と伝えた。現金を受け取ったとされる政治家40人を顔写真付きで一覧表にして報ずる考えだった。

「写真を付けて『この人が河井夫妻から現金をもらっていた』ということを明確にする。検察が罪に問わなくても自分たちが問うていく。そんなつもりでした」。約半年前の夜回りで検察幹部が言った「君たちはジャーナリストだろう。ジャーナリストは法律に触れてなくても世の中におかしいと問うことができる。それが仕事だろう」という言葉が頭をよぎった。

翌26日付の紙面を見た他社の記者からは「まるで選手名鑑だな」とからかわれたが、一方で「地元紙なのに地元に厳しいね」との声もあった。それは何よりの誉め言葉だと中川は思った。

2人の併合審理は百日裁判で週3～4回公判が開かれた。中川は延べ86回（途中から分離裁判）に及ぶ公判を広島から出張してカバーした。

裁判はたいてい午前10時に始まり昼休みを挟んで午後3～5時まで続く。その間、中川は

↗ 被買収者の政治家40人を顔写真入りで報じた2020年8月26日付中国新聞

東京支社の記者2人と助け合いながら公判のやり取りのほぼすべてをノートに書き込んだ。毎回、その日の裁判が終わると非常駐社として加盟した司法記者クラブでノートに記した全文をパソコンで打ち込む。それは本社の荒木に送られ、荒木は誤字や文脈をチェックして自社のウエブメディアである中国新聞デジタルに流す。文字数は多い時で一日4万字。新書本の半分に相当する分量だ。東京支社から裁判取材の毎回応援に駆り出されていた中川の先輩記者の右手は悲鳴を上げ、12月になって腱鞘炎と診断されたが、親指の付け根にステロイドと麻酔の入った注射をしながら傍聴を続けた。

２０２１年1月、案里に懲役1年4か月、執行猶予5年の判決が出た。弁護士を解任して途中から分離公判となった克行に対する判決は6月に下され、懲役3年の実刑だった。案里は控訴せず有罪が確定。克行は控訴したが、その後取り下げ実刑が確定した。

1年半後の特ダネ

克行の判決から半月後の7月6日、東京地検は河井夫妻から現金を受け取ったとされる政治家ら１００人を不起訴処分（99人は起訴猶予、事後死亡の1人は不起訴）とすると発表した。記者会見した山元裕史次席検事は「いずれも受動的な立場にあった」と説明したが、サツ担当記者の樋口浩二は質疑の冒頭でこうただした。「受け取った金額が5万円から３００万円まで差がある。１００人を一律不起訴というのは有権者の感覚からすると納得できないのではないか」

１００人は誰一人として捜査機関に通報していない。カネを使った人も多く、違反行為と知りながら有権者に案里への投票を求めた政治家もいた。これをまとめてお咎めなしとするのはおかしい。そう考えた樋口はさらに追及した。「選挙前にカネを受け取っても刑事処分されないという前例が広島に残る。その影響は広島だけでなく全国にも広がるのではないか」。山元は「本件は河井克行、案里を処罰することが本質」と強調したが、最後は「今回の不起訴は起訴猶予処分であり、犯罪は成立しているが起訴は猶予するということ。そこは正確に受け取ってもらいたい」と苦しい説明で締めくくった。

過去には数万円の被買収で略式起訴され罰金刑となった事例はいくらでもある。樋口は司法の公平性を犠牲にして「河井夫妻を挙げる」という派手な成果のみに走った検察のご都合主義をみた思いがした。

樋口の思いは広島の有権者も同じだった。検察の不起訴発表直後の7月下旬、広島の市民団体が東京の検察審査会に被買収者100人の不起訴を「不当」と申し立てることを決めた。半年後の22年1月、審査会はこのうち35人を「起訴相当」、46人を「不起訴不当」、19人を「不起訴相当」と議決。事件を移送された広島地検は3月、「起訴相当」とされた35人のうち体調不良の1人を除く25人を公選法違反で略式起訴、趣旨などを否認する9人を起訴した。

曲折を経た被買収者の訴追問題は辛うじて地元民意に沿う形で一応の決着をみた。だが荒木らの仕事はこれで終わりではなかった。「河井夫妻の買収資金はいったい誰が提供したのか」。このことが明らかにされない限り金権政治の火種は残る。

焦点は党本部からの1億5000万円だった。しかし政党交付金は使途を収支報告書に記載し公開義務を負う。実際、公開資料を分析すると陣営はそれに見合う額を3回にわたる機関誌の全戸配布などで使っていた。1億5000万円は買収資金ではない。荒木ら取材班は早い段階でそう確信した。では原資はどこから来たのか。

一連の事件報道が沙汰やみなってから約1年半後の23年9月8日、中国新聞一面トップに横見出しの大きな特ダネが掲載された。検察当局が20年1月に克行の自宅を家宅捜索した際、当時の安倍元首相をはじめ政権幹部4人から計6700万円の現金を受け取った疑いを示すメモを押収していたことが関係者への取材で分かったという内容だ。「金権政治」取材班が潜行取材の果てにつかんだ乾坤一擲の特報だった。記事によるとメモはA4判で上半分に手書きで「第3　7500万円」「第7　7500万円」と書かれ、それぞれの入金時期が付記されていた。[†8] これは党本部からの1億5000万円を示すとみられるが、問題は紙の下半分にあった「＋現金6700」との記載だった。

追わなかったか、追えなかったか

「総理2800　すがっち500　幹事長3300　甘利100」。6700万円の内訳を表すとみられるこの数字の前には当時の政権幹部4人の肩書、ニックネーム、実名が手書きで綴られていた。「総理」は安倍首相、「すがっち」は菅義偉官房長官、「幹事長」は二階俊博党幹事長、「甘利」は甘利明・党選挙対策本部長（いずれも当時）のことだ。中国新聞の取材に対し、二階・元幹事長は現金提供を否定。菅・元官房長官は取材への回答がない一方で、甘利・元選対本部長は100万円の提供を認め、記事はこの6700万円が買収の原資となったのではないかとの見立てを示した。

取材の指揮を執った荒木はメモ発掘の経緯については「お話しできない」としながら、「河

中國新聞　2023年（令和5年）9月8日（金曜日）

買収原資か メモ押収

総理2800 すがっち500 幹事

河井元法相宅で検察

大規模買収事件を巡る金の流れ

安倍晋三首相　二階俊博幹事長　菅義偉官房長官ら

6700万円　現金提供か

自民党本部

計1億5千万円　夫婦の党支部へ振り込み

河井克行氏

案里氏

現金計約2680万円を手渡し

地方議員や後援会員ら

機関紙や政策チラシの作成・配布など

2019年7月の参院選広島選挙区を巡る大規模買収事件で、検察当局が20年1月に河井克行元法相（60）＝服役中＝の自宅を家宅捜索した際、当時の安倍晋三首相をはじめ安倍政権の幹部4人から計6700万円を受け取った疑いを示すメモを発見し、押収していたことが7日、関係者への取材で分かった。

政権中枢の

↗ 安倍元首相ら政権中枢が買収資金を提供した疑いを報じる2023年9月8日付中国新聞

井夫妻の有罪確定で事件は終わっていないというメッセージです。買収原資を含めて全体像を明らかにしないとこの種の事件はなくならない。その思いを記者たちが共有してきたからこそ取れた特ダネだと思う」と話した。取材班は翌9日の紙面で続報を掲載。その見出しは「安倍氏ら4人聴取せず　検察当局、政権に配慮か」だった。そこには、被買収者100人を当初起訴せず、また買収資金の出所についても明らかにしようとしてこなかった検察当局への公憤がにじんだ。

一方で、買収資金に対する政権中枢の関与を強くうかがわせるこの特ダネを全国紙・通信社はどこも後追いしなかった。追えなかったのか、追わなかったのか。共同通信の編集幹部は、その後も取材を継続しているとしながら「この日は追い切れなかった」と話す。一方で地方紙の中には、これは読者に伝えるべきだと考えたところもあった。高知新聞、熊本日日新聞、神戸新聞は報道から数日後に中国新聞に転載を申し出、特ダネを「中国新聞取材班」とのクレジットを入れてそのまま自社紙面に載せた。

　全国紙はどう判断したのか。たしかに中国新聞が肝心のメモの写しなどを入手した形跡はない。あくまで関係者の証言を積み上げた結果としての報道だ。だが、中国新聞の仕事が買収資金の原資をめぐり蓋然性の高いファクトを引き出したことは確かだろう。少なくとも地域の有力紙が確信をもって報じたこと、それが地域や政界で関心を呼んでいることは紛れもない事実だ。それを全く報じないというのは、その事実さえ無視することになる。他の媒体が「中国新聞が報じた」と伝えれば、より多くの読者の関心を呼び覚まし、関係者らに説明を求める圧力が増す。そうしたことを考慮すると、自社が確実な事実をつかむまで何も伝えないことは果たして健全な報道倫理なのかという疑問が残る。

　中国新聞はその後、この特報を23年度新聞協会賞のニュース部門に追加応募する。しかし大半の社がメモの写真がないことや検察が動いていないことなどを理由に支持せず、受賞には至らなかった。中にはかつてのリクルート事件[†9]を引き合いに「今後（の展開次第で）社会を動かす可能性がある」との指摘もあったが、スクープとしての〝完成度〟が疑問視された。

　新聞は誰のために取材をしているのか。どこを向いて仕事をしているのか。サツ担当の中川が夜回り先で聞いた「（検察は）法律と証拠でしか評価されない。ジャーナリストは法律に触れてなくても世の中におかしいと問うことができる。それが君たちの仕事だろう」という検察幹部の言葉は、日本のメディア全体の弱点を言い当てているのかもしれない。

4年余を経てなお追及

荒木ら取材班の仕事は事件発覚から4年以上経てなお続いている。中国新聞は2024年2月5日、前年11月末に仮釈放され広島県内で関係者におわび行脚をする河井克行に突撃インタビューした。克行は6700万円の出所を示す手書きメモについて「書いた記憶はない」「捜査内容を話す必要はない」と疑惑を否定し、「中国新聞はひどいよ」と執拗な取材を続ける地元紙に不満を示した。

2月13日には「甘利氏、全国に『裏金』提供か　政策活動費が原資の可能性」との特ダネを放った。2019年の参院選当時、自民党の甘利選挙対策委員長が全国の自民党候補者に陣中見舞いとして100万円を配ったが、甘利側の政治団体や自民党の政治資金収支報告書には支出記載されておらず、これらは使途公開義務がなく〝裏金〟とされる自民党の政策活動費が原資になった可能性があるというものだ。政策活動費の原資の大半は国から政党に渡される政党交付金、つまり国民の税金が元手だ。そうしたカネを特定の候補者支援のために使うことについては当然批判がある。

記事の端緒は先に記した手書きメモで100万円の拠出を甘利が認めたことだった。甘利に追加取材を申し込んだが剣もほろろ。取材趣旨を書いた手紙の受け取りさえ拒否された。拠出を認めたのが自分だけだったことで党内で批判されたためとみられる。

そこで荒木たちが考えたのは、受け取った側を取材することだった。「現職は話してくれそうもない。落選した候補者を当たってみよう」。19年参院選で落選した自民党の候補者は全国で10人いた。この10人の居所を探り当て、一人ずつつぶしていくことにした。

荒木らの取材手法は一貫している。「ダメ元覚悟のローラー作戦」だ。河井夫妻が買収資金を配った県議への総当たりといい、県内500超に上る議員・市町長へのローラー作戦といい、無駄打ちを厭わない力仕事がその都度成果を出してきた。今回もそうだった。

10人のうちの1人、宮城選挙区から出馬し落選した愛知治郎元候補者から応答があり東京で会うことになった。

愛知は選挙戦3日目の7月6日に宮城県に応援に訪れた甘利が車の中で同乗した後援会幹部に「はい、これ。お役立てください」とクリアファイルに入ったA4版の封筒を渡されたことを明かした。封筒の中にはもう一つ小さな茶封筒があり、その中に帯封の付いた現金100万円が入っていたという。政党から候補者側への資金提供は政治資金収支報告書に記載することを条件に法律で認められている。中国新聞の取材に対し、愛知は「報告を受けて、収支報告書に載せるように指示した」と説明。「選対委員長とか幹事長とかそれなりの人は手ぶらで来るわけにはいかないのだろう」と甘利の意図を推察した。

愛知は外相、蔵相などを歴任し佐藤（栄作）派五奉行と言われた大物政治家・愛知揆一の孫。取材に応じた時期、永田町では派閥のパーティー券キックバック問題で自民党が大揺れに揺れていた。荒木は「自分が現職だったら『政治とカネ』の問題でもっとものが言えたのに、という思いがあったのだろう」と愛知が名乗り出た背景を推し量った。

在京紙報道への違和

その自民党のパー券問題が発覚したのは22年11月の「しんぶん赤旗」日曜版の報道と、これを受けて神戸学院大学の上脇博之教授が政治資金規正法違反の疑いで告発したことがきっかけだ。荒木は「政治とカネ」問題が再び脚光を浴びたことに意を強くする一方で、在京各紙の報道に違和感を示す。

「制度論や法律論が多くて具体的な事例が乏しい。ノルマを超えたパーティー券のキックバックを記載しないことは確かに法に触れるが、それがなぜ問題なのかという意識が希薄だから報道に迫力がない」

荒木らの問題意識は明確だ。追及の原点は、選挙資金が乏しかった河井夫妻がなぜあれほど巨額の買収ができたのかということ。そのカネはどこから来たのか。誰がどういう経緯で工面したのか。実際に金が使われた現場から遡及して源流を探ると、そこには官房長官が使途を明らかにせず配れる官房機密費や、これも使途記載が不要な政策活動費が浮かんできた。

パー券とは違っていずれも元手の大半は税金である。それを選挙で特定候補者のためにばらまくことこそが問題なのではないかと彼らは考えた。

「取材経験で獲得した事例がないから記事も抽象論に終始してしまうのではないか。社会部の記者が頑張らないと」と荒木は在京紙のライバルたちにエールを送る。

もう一つ感じた違和は「永田町の空気」である。24年2月、中国新聞が自民党の事務局長を2019年まで務めた久米晃にインタビューしたときのこと。久米は「政治にはカネがかかる」と、「選挙とカネ」の実態を赤裸々に語った。その堂々とした言いぶりは、自分たちが公的なカネを党勢拡大のために使っていることにうしろめたさを感じていないように思えた。

「だいたい車中でぱっと相手の懐に（現金入りの封筒を）突っ込みますよ。それが表に出ないカネ」「当選するためにお金でできることはする。100万円けちって落ちたら後悔する。だって戦《いくさ》だもん。勝たないと仕方ない」

こうした話を日々聞かされている東京の政治部記者は、それが政治の常識のように飼い馴らされて不感症になっているのかもしれないと荒木は思った。

「素朴な『おかしい』という思いをなくすと新聞の存在意義がなくなる。それは詰まるところ『誰のために取材しているのか』ということですよ」

受け継がれた組織文化

ウグイス嬢への違法買収を文春砲にすっぱ抜かれ、「地元紙の意地」からスタートした荒木らの「政治とカネ」報道は4年余りの歳月を経て中国新聞のブランドとなった。パー券問題を機に全国のメディアが「政治とカネ」を追及する中、彼らの報道ぶりは積み上げてきた具体的な事例をもとに問題の所在を言い当てるという点で異彩を放つ。それは検察の捜査終了をもって「撃ち方やめ」としてきた従来のメディアの在り方に対する問題提起のようにもみえる。

その粘り強い仕事ぶりを取材するうちにあらためて想起したのは、冒頭で紹介した中国新聞の暴力団追放キャンペーン↑10である。この章の最後に、中国新聞という地方紙の地下水脈で受け継がれてきた組織文化の起点を紹介する。

半世紀前の1960年代後半、市民の死者まで出した広島の暴力団抗争に、当時の編集幹部は「暴力団のおかしな行為は何でも書け。法に触れるかどうかはどうでもいい。潰すか潰されるかの勝負だ」と記者たちに発破をかけた。

奮い立ったのがマル暴担当記者として名を馳せていた若き日の今中亘（1936年生まれ）だった。68年11月、今中は有力組長、美能幸三が呉市に構えた豪邸の固定資産税などを長年滞納していた事実をつかむ。ちなみに美能は映画「仁義なき戦い」シリーズで菅原文太が演じた主役・広能昌三のモデルである。今中は取材に対し呉市役所総務部長が「払えというていったら、おどされるんじゃないかと思うて行ってません」と答えるのを聞いて、自ら美能宅に乗り込む。応対した組幹部は「アホいうな。そんなものをだれが払えるか」と恫喝した。今中はその足で税務署へ。しかし税務署長も署員にも妻子がいるから、と逃げ腰に終始する。

当局は対応しない。敵は脅しにかかる。それでも今中は自ら調べたデータだけをもとに「暴力団に甘い税金　資産評価も五分の一」の記事を書いた。社会面4段で掲載された記事は市役所、税務署を慌てさせ、読者からも怒りの投書が相次いだ。

「その後も必死になって書きまくった。当時は組にも弁護士がいて訴訟をちらつかせたりしてきましたが、うちの社の幹部は『訴えられてもかまわんから』と腹が座っていた」。組側も必死で、中国新聞の本気度を試すように社主の自宅に散弾銃を撃ち込んだり、今中の自宅にコールタールをぶちまけたりして威嚇した。新聞社と組側の闘いは2年ほど続いたが、この間の読者からの激励のハガキ、手紙は数百通に及んだという。

やがて本気になった広島県警の撲滅作戦に親分衆は根こそぎ逮捕され、広島暴力団抗争は終焉を迎える。

「おかしいと思う気持ちだけでやっていたんですね。それが通用した時代なのかもしれない。今回の買収事件報道もよくやったと思う半面、なんでここで止めておくんだという記事もあった」と後輩たちの奮闘にも厳しい視線を送る。

「警察は法律に触れなければ動けないが、暴力団はそのギリギリの線を狙ってくる。そこがわれわれの戦場だった。素朴な『おかしい』という思いをなくすと新聞の存在意義がなくなる。それは詰まるところ『誰のために取材しているのか』ということですよ」

今中の自宅の書斎には、半世紀前に背中を押してくれた読者からの手紙やハガキが今も大事に保管されている。

2019年	4月7日	広島県議選投開票
	4〜6月	自民党が河井夫妻の党支部へ1億5000万円入金
	7月4日	参院選公示
	7月21日	参院選で案里当選
	9月11日	内閣改造で克行が法相に
	10月30日	週刊文春が「法務大臣夫妻のウグイス嬢『違法買収』」
	10月31日	克行が法相辞任
	11月8日	中国新聞が「河井案氏県議に現金か　公選法違反指摘も」
	12月8日	中国新聞が「河井案氏陣営疑惑を捜査　広島地検着手」
2020年	1月15日	広島地検が河井夫妻の自宅と事務所を家宅捜索
	3月3日	広島地検が案里公設第1秘書、克之政策秘書らを公選法違反容疑で逮捕
	3月28日	中国新聞が現金買収疑惑の捜査に着手と報道
	3月31日	中国新聞が知事含む24人の現金授受有無の回答を実名で報道
	4月	中国新聞が県内550人議員のローラー取材
	6月18日	東京地検が河井克之、案里を公選法違反で逮捕
	6月20日	中国新聞が被買収者は40人が地方政治家と報道
	7月	荒木紀貴がキャンペーン企画「決別　金権政治」担当デスクに
	8月25日	河井夫妻初公判で現金受領者100人の氏名明らかに
	8月26日	中国新聞が現金受領の政治家40人の顔写真と金額などを報道
	9月26日	「決別　金権政治」スタート
2021年	1月21日	案里に懲役1年4カ月の判決
	6月18日	克行に懲役3年の実刑判決
	7月6日	東京地検が被買収者の政治家ら100人を不起訴処分

↗ 中国新聞の「政治とカネ」報道

2022年	1月28日	東京第6検察審査会が被買収政治家35人を「起訴相当」と議決
	3月14日	広島地検が被買収政治家9人を起訴、25人を略式起訴
	11月6日	「しんぶん赤旗」日曜版が自民党派閥のパー券問題報道
2023年	9月8日	中国新聞が6700万円の買収メモを特報
	11月29日	NHKなどがパー券問題を報道し「政治とカネ」が政局の焦点に
	12月19日	東京地検特捜部が安倍派などの事務所捜索
2024年	1月7日	東京地検特捜部が池田佳隆衆院議員を逮捕
	1月23日	岸田派が解散
	2月13日	中国新聞が「甘利氏　全国に『裏金』提供か」と報道

注

†1――2019年参院選：定数2の参院広島選挙区は長年与野党が議席を分け合う無風区だったが、自民党本部は3月に県連の意向を無視して県議の案里を2人目の公認候補として擁立。背景に現職の溝手と安倍首相との確執があったといわれる。結局、野党候補がトップ当選し案里は2位で初当選。6選は堅いとみられていた溝手は落選した。

†2――文春のネタ元：月刊文藝春秋2023年8月号「記者は天国に行けない」（清武英利）によると、文春には2019年10月22日未明に告発メールが届き、記者らはただちに告発主に電話を入れて広島で会う約束を取り付けた。その後、ウグイス嬢に支払った2種類の領収書の写しや河井事務所の裏帳簿などの資料を入手したという。

†3――官邸のダメージコントロール：安倍首相は9月に内閣を改造したが、10月には地元有権者に秘書が香典を手渡した公選法違反疑惑で経産相の菅原一秀を更迭した。克行の辞任は相次ぐ閣僚スキャンダルを長引かせないための官邸主導の更迭だったとされる。

†4――百日裁判：公選法は連座制適用の可能性がある場合、起訴から30日以内に初公判を開き、100日以内に一審判決を出すよう努めると規定している。裁判が長引くことで連座制の効果がなくなるのを防ぐ目的。

†5――被買収者：94人のうち政治家40人以外は後援会幹部や支援者、自治会役員、市民団体の代表など地域の「顔役」ともいえる人たちだった。

†6――溝手と安倍の確執：2007年の参院選で惨敗した安倍首相に対し、当時防災相だった溝手は会見で「首相本人の責任はある」と批判。12年2月には野田佳彦首相に衆院解散を迫った安倍について「もう過去の人」と指摘した。

†7――司法取引：共犯者の情報を提供することを条件に検察が被疑者を不起訴処分にする制度。米国などには古くからあったが、日本では2018年6月に経済犯罪や薬物犯罪などに限って認められ、これまで元日産自動車会

長のカルロス・ゴーン被告の金融商品取引法違反事件など3件で適用されている。読売新聞は2023年7月、河井夫妻事件の取り調べの際、検事が「買収されたと認めれば不起訴とする」ことを示唆した録音データの内容を報じた。

†8――「第3　7500万円」「第7　7500万円」：第3、第7は現金が振り込まれた自民党広島県選挙区の支部を指すとみられる。

†9――リクルート事件報道：朝日新聞川崎支局は1988年6月、川崎市で都市再開発を計画していたリクルート・コスモスが川崎市助役に未公開株を贈った見返りに容積率の緩和などの便宜を受けていたと報道。この事案は神奈川県警も内偵していたが事件化は困難として捜査を打ち切っていた。当初は各紙とも「つぶれた話」として朝日の報道を無視したが、その後の朝日の継続報道などで竹下登政権崩壊につながる一大疑獄事件に発展した。

†10――暴力団追放キャンペーン：一連の報道は菊池寛賞を受賞。その顚末は「ある勇気の記録」（現代教養文庫）に詳しい。

参考文献

「ばらまき」（集英社・2021年12月発行）
「ある勇気の記録」（現代教養文庫）

第7章

王道からの脱却

震えながら書いた「制御不能」

朝日新聞「福島第一原発事故」報道

２０１１年3月11日、朝日新聞のゼネラル・エディター（GE＝編集局長）、西村陽一（52）はぜいたくな悩みを抱えていた。この日の朝刊で菅直人首相の資金管理団体が、政治資金規正法で禁じられている外国人から１０４万円の違法献金を受けていたことを特報。さらにウィキリークスから特別に提供を受けた米外交公電の中にあった約７０００件の日本関係の秘密文書の検証作業がようやく終わり、「さて明日の朝刊はどちらのネタでいくか」と思案している最中だった。

大津波の陰で進行していた危機

午後2時46分、経験したことのない大きな揺れとともに、西村がいた本社5階の編集局長室の天井が割れた。局内が大混乱に陥る中、まもなく震源は東北の三陸沖で、近年では例をみない巨大地震であることが分かった。「盛岡、仙台、福島への応援はどうする」「航空取材は手配したか」。思い付くままに指示を出していると、東北沿岸の住宅や田畑を次々にのみ込む大津波のライブ映像がテレビで流れ始めた。「これは大変なことになった……」

不幸中の幸いだったのは、数年前から編集局長を編集と労務・管理の2人体制としていたことだった。記者らの安否確認は相方のゼネラル・マネージャー（GM）、杉浦信之に任せ、西村は当面の取材・編集方針をどう構築するかに専念した。午後3時55分、有事の際の対応を決める新聞発行委員会が局長室で開かれ、降版時間の繰り上げやページ数の削減が決まった。

科学医療グループのエディター（科学部長）、大牟田透（51）が部員の安否確認を終えたのは午後6時近くだった。同グループは前年2月に科学グループと医療グループを統合して生まれた50人規模の新設部だ。大牟田は初代のグループ長。地震、津波などの自然災害はもちろんグループの管掌だが、京大理学部で原子核物理を専攻した大牟田はやはり原発が気になった。

原子力安全・保安院から「1F（福島第一原発）1－5（号機）、全電源喪失」の一報が入ったのは地震発生から1時間以上が経過し、日が落ち始めた頃だった。大牟田は「なにっ！　ECCS（緊急炉心冷却システム）が動かない？」と大声を張り上げた。だが、別の冷却装置は稼働し電源車も向かっていると聞いて、「まあ、早晩回復するな」と思い直した。

編集局全体の関心もこの時点ではテレビで生中継された大津波や首都圏の帰宅困難者の方に向いていた。しかしいつまでたっても電源が回復したという情報が来ない。ECCSが動かないままでは原子炉内の燃料棒が持つはずがないのに何をやっているんだ、と思いながら夜が更けていった。

後でわかったことだが、1号機は11日夕方には原子炉内の水位が低下し燃料棒が露出、午後6時には炉心溶融が始まり、8時の時点で圧力容器が破損し始めていた。[†1]そして12日未明には海江田万里経産相が炉内の圧力を下げるため放射性物質を含む炉内の空気を外に逃がす国内初のベント[†2]を実施すると発表した。

「ここに陣取っていいですか」

電源を失った福島原発で何が起きているのか――。事態がよくわからないまま最初の夜が明けた。12日早朝、首相の菅直人が突然、自衛隊のヘリで福島原発視察に出発。相前後して保安院院長の寺坂信昭が福島原発の正門付近の放射線量が通常の8倍に達したと発表した。この時点でまだベントは始まっていない。原子炉に異常がない限り線量が高まるはずがない。電源が回復しない状態が続き、炉内の放射性物質がどこからか漏出していることは明らかだった。

西村個人のメモ帳には既にこの時点で「スリーマイル状態」「炉心溶融」の書き込みがある。「誰とやりとりした結果なのか記憶にないが、『原発アラート体制』に入っていたことは間違いない」と西村は回想する。

そして大きな節目がやってきた。午後3時36分、1号機の原子炉建屋が水素爆発で吹き飛んだ。大牟田が朝日の原発事故報道の前面に出たのはこの時からだ。直後に編集の総指揮を執る西村のいる局長室に駆け込むと「しばらくここへ陣取っていいですか」と申し出た。出過ぎたまねかとは思ったが、多少なりとも原子力を知っている自分が助言する局面ではないかと考えた。西村は当然のように「おう、ここに座れ」と自席の横の椅子をあてがった。大牟田にとって西村は気心の知れた先輩だった。大牟田の初任地の長野総局で一緒に仕事をしただけでなく、ワシントン支局で科学担当をしていた時の支局長が西村だった。

これからは原発報道が主戦場になる。専門性の高い分野で的確な情勢判断ができるかどうかが勝負の分かれ目だ。政治部出身で「壁打ち（相談）の相手」がほしかった西村は「呼ぶまでもなく飛び込んできた」と述懐する。

大牟田にはもう一つ狙いがあった。科学医療グループにいるだけでは管掌する原子力安全・保安院など限られた情報しか入ってこない。編集を指揮するGEのそばにいれば東電、経産省（経済部）、官邸（政治部）、福島県など各取材先に散らばる情報を集約できる。それらをまとめて分析することで、事故の実態に近付けるのではという思いだった。この日から3週間後の3月末まで、大牟田は局長室に詰めることになる。

1号機の爆発について、何が起きたのかを当初から理解できた人は少なかったが大牟田はすぐに水素爆発だと分かった。そしてそれは炉心溶融が起きていることの証しだと考えた。傍証もあった。爆発直前の保安院の会見で中村幸一審議官が1号機周辺でセシウムやヨウ素が検出されたことを明らかにし「燃料が溶けだしているとみてよい」と述べていた。ちなみに中村審議官はこの後の会見では発言席から外され、交代した審議官は炉心溶融について否定的なコメントをするようになる。

「朝日の認定だ」

1号機爆発翌日の13日付朝刊で朝日は「第一1号機　炉心溶融」と断定した見出しを付けた。他の主要紙も「炉心溶融」を見出しに取ったが、その記事内容には編集現場の迷いも反映されていた。読売は前文で中村審議官の見解を重視して「保安院は、炉心が溶融した可能性を指摘」とする一方で、否定に転じた別の審議官の発言を踏まえ「炉心溶融の恐れ」と抑え気味の見出しをとった。毎日新聞は前文で「国内初の炉心溶融も発覚した」と書きながら、本文では逆に「保安院は『炉心溶融が進行しているとは考えていない』との見方を示した」と記した。共同通信の見出しも「燃料が一部溶融、国内初」と慎重だった。

これに対し朝日は「原発敷地内で、燃料中に含まれる核分裂生成物であるセシウムやヨウ素を確認した。いずれも、ウランが核分裂をした後にできる物質だ」と解説し、個別に関係者に当たった取材を踏まえて「こうしたことから、保安院、東電とも、炉心溶融の可能性が高いとしている」と明記し、「炉心溶融」の用語解説まで載せた。

ただ、朝日内でも議論はあった。科学医療グループで原稿をまとめた記者は「推論や、論理に飛躍のあるストーリーは採用しない」と当初は慎重な書き方をしたが、記事の扱いを定める編集センターでは「自信がないときに『可能性』と弱めて書くのは分かるが、科学的に蓋然性が高いのはこうだ、と書いてほしい」と注文を付けた。[†3]

見出しの権限を持つ整理部担当者は記事の中で「炉心溶融の可能性が高いとしている」と断定を避けているのに、見出しだけ断定するのは客観報道の枠を外れているのではないかと指摘した。前述のように保安院はいったんは炉心溶融の可能性を示唆したものの、その後は否定的な見方に傾いていた。公式にはまだ炉心溶融とは認定されていない。整理の担当者は「これはどこの認定なんですか」と問うた。整理のプロとして当然の問いである。これに対して大牟田は「朝日の認定だ」と返した。

大牟田には確信があった。炉心を冷却できないままの状態が1日以上続いている。その結果、燃料被覆管が溶けだして水素が発生したため爆発が起きた。そして何より、燃料棒が溶融しなければ出てこないはずのセシウムなど核分裂生成物が周辺で確認されている。これらを総合すれば炉心溶融以外には考えられない。当局が認めていなくても書くべきだ——。

一面トップ記事の見出しを決める最終権限はＧＥの西村にある。見出しと記事のニュアンスがずれることは常道ではないと思いながら、西村は「これでいく」と大牟田に同調した。

JCO臨界事故の記憶

1号機の爆発直後、大牟田は12年前のことを思い出していた。それは1999年9月、茨城県東海村の核燃料加工施設JCOで起きた臨界事故だ。作業員がバケツで核燃料の加工作業をしているさなかにウラン溶液が臨界に達して核分裂の連鎖反応が発生、2人が死亡し1人が重傷を負った。核分裂の連鎖は約20時間続き、この間ずっと中性子線が出続けていた。この時、科学技術庁の原子力安全局長は茨城県民に対し「屋内に入って外に出るな」と警告した。混乱を恐れたというだけでなく、臨界事故を想定していなかったため放射性物質の漏出事故マニュアルを援用せざるを得なかったのだ。

放射性物質の漏出であれば屋内退避は正しい判断だが、臨界事故で出る中性子線はコンクリートなどの遮蔽物を通って人体に影響を及ぼす。だから発生源からできるだけ離れることが大事だ。当時、科学部の現場記者だった大牟田は原子力の専門家がこんなとんちんかんな警告をするのかと驚き、批判記事を書いた。政府はパニックを恐れて、純粋な科学的判断を放棄することがある──。炉心溶融をめぐる社内の議論の中で大牟田の頭の中をめぐったのはそのことだった。

もう一つ大牟田はこの日、普段ならやらないことをした。繁忙の隙間を縫って自宅に電話をし、長男に「原発が大変だから当分帰れない」「ニュースを見ていておかしいと思ったらみんなで西へ逃げろ」と話した。秘匿情報を伝えたわけではない。ただ、大牟田の危機感はそこまで切迫していた。

大牟田にとって意外だったのは、読者や世間の反応だった。政府は水素爆発を受けて避難区域を福島原発から半径20キロに拡大していたが、炉心溶融が起きていることを報じればさらに多くの人たちが避難を始めるだろうと考えていた。しかし福島の人々の動きは意外に鈍く、依然として20キロ圏内にとどまる人もいた。「炉心溶融という言葉の意味が十分伝わらなかったのか、それとも……」。ここまで書けば分かるはずという報道する側の思い込みと、読者の受け止め方の落差に大牟田は衝撃を受けた。

爆発映像の速報ためらったキー局

福島原発事故報道を振り返るとき、新聞各社の前に立ちはだかったのは「事実に即した報道」という原則と、これと関連する「風評被害・パニックを煽らない」という2つの課題だった。

このうち「風評被害」について筆者が経験したことをここで記しておく。震災翌日の12日午後、福島原発に近接する双葉厚生病院の入院患者と職員計90人を自衛隊ヘリで避難させる際に3人が被ばくしたと福島県が発表した。共同通信がこれを報じると、地元紙の一つから「安易に『被ばく』と言っていいのか。衣服に放射性物質が付着しただけではないか。地元での風評をどう考えるのか」という抗議の電話が編集局にあった。当時、編集局次長だった筆者が電話を替わり「保健所からの連絡を受けた県が『被ばくしている』と発表し、医師も『除染が必要』と言っている」と告げると、地元紙のデスクは「自然界からの放射線だって被ばくといえば被ばくだ。地域の生活者が『被ばく』という汚名を負って生きていくことをもっと考えてほしい」と訴えた。筆者は「被ばくは汚名ではない」と反論しようとしたが、地域社会ではそんな理屈が通用しないこともあると思いなおした。そのうえで、放射性物質が検出されたのは3人の着衣であること、放射線量などは分かっていないことを記事に盛り込み、見出しを「避難の3人が被ばく」から「避難の3人が被ばくと福島県」に差し替えることで納得してもらった。

いま思えば「被ばく」という言葉がまとう強い負の印象と、3人の実際の状況が一致していたのかを検証しないまま、「県の発表」という権威に寄りかかる形で報じていたことは否めない。

「パニック」という点では1号機爆発の映像を流した福島中央テレビ（FCT）と、そのキー局である日本テレビ放送網（NTV）の対応の違いが記憶に残る。福島原発から約17キロの山中に24時間カメラを設置していたFCTは爆発から4分後、NTV系列の震災報道番組を打ち切って白煙を上げる第一原発のライブ映像を流した。†4 当時、報道制作局長だった佐藤崇（55）はアナウンサーに「『爆発』という言葉は使うな、見たままのことだけを伝えろ」と言った。核爆発と誤解されることを恐れたからだ。並行して東電などに取材を試みたが、何が起きているのかわからないまま。佐藤は「とにかくこの映像を見て早く逃げてくれという一念だった」と振り返る。

FCTはNTVにすぐに映像を送り「早く流してほしい」と要請した。だがNTVが全国ネットでこれを放映したのは爆発から約1時間以上後の午後4時49分。NTVの総合広報部は後の取材に「何が起きているのか、その分析がない中で映像を流すと、パニックが起こるのではないかと危惧した。映像を専門家に見てもらい、解説を付けて放送した」と答えている。[†5]

災害心理学では、深刻な情報そのものがパニックの原因になることは少なく、むしろ情報が与えられなかったり、自己決定の機会が奪われたりすることの方が人々の疑心暗鬼につながりパニックを引き起こすといわれる。[†6] 一刻を争うような災害時、危急の事態では平時のような編集の確認プロセスの適用が必ずしも正しいとは言い切れないだろう。

「大事なことは生煮えの情報の中で私たちが主体的に踏み込んだ判断を積極的に示していくことではないか」

客観報道では伝えきれない

話を朝日の報道に戻す。1号機爆発の後、政府は「放射性物質が大量に飛び散っている可能性は低い」などと、後に分かる事実とは異なる説明を繰り返していた。大牟田は、政府や東電が十分な情報を出さない状況の中で、原発事故の推移をどう報道していくかをより真剣に考えるようになった。

事故直後から原子力の専門家に見通しや情勢分析を聴いてはいた。しかし政府の意向を気にしてか歯切れよく応答してくれる人は少なかった。名を成した人ほど政府に囲い込まれているように感じた。

では確実な情報を得るのを待つのか。新聞は確定した事実を基礎とした客観報道が基本だ。しかしこれまでのように一つひとつ事実の裏付けを取っているような時間的余裕はない。かと言って、「～とみられる」「との見方を示した」といった断片的な情報を並べるだけでは読者は混乱する。あらためて思い起こしたのはJCO事故の際の教訓だ。大牟田が「屋外に入って外に出るな」という政府の呼び掛けについて批判記事を書いたのは事故から約2週間後だった。それでは被災者にとっては何の足しにもならない。

「後から政府判断がおかしかったと指摘するより、その時点ではっきり『現場から離れろ』と言うべきではなかったかと。あの時と同じことを繰り返すことは許されないと思った」

政治部出身で権力の怖さを体感していた西村も同じ思いだった。不確かな情報が飛び交う中で、読者に有益な報道をしていくにはどうすればいいのか。2人は編集作業の合間を縫って意見を交わした。

大牟田は考えた。「大事なことは生煮えの情報の中で私たちが主体的に踏み込んだ判断を積極的に示していくことではないか。後に的外れだったとしても、そこに踏み込むのが有事の新聞の仕事だろう。自分のように原子力を専攻し、ある程度分かっている人間がそこをためらってはいけないはずだ」

西村の回顧。「政府が情報を独占し、隠ぺいする中で、最悪の事態を頭に置きながら落ち着いた筆致で伝えることのできる書き手が欲しかった。ここまでは分かった、ここからは分からない、といったことをしっかり判断して読者に伝えるべきだと考えた」

しかしグループ長である大牟田自身が直に筆を執る余裕はない。そこで思い浮かんだのが科学医療グループ出身の編集委員・竹内敬二(58)だった。

竹内は大牟田の4年先輩。チェルノブイリ原発事故の検証取材でそれまで4度もロシアに入っており、当時モスクワ支局にいた西村にとっても竹内と並んで原発に詳しい記者として印象に残っていた。

竹内の記憶によると、大牟田がその要望を伝えに来たのは13日。局長室に常駐していた大牟田は5階編集局の端にある科学・医療グループにいた竹内のところまで足を運びこう訴えた。「朝日の中で一番原子力を取材してきた記者として『今の状況はこう考えられる』という署名記事を節目節目で書いてもらえませんか。朝日としてこう判断しているという記事です。政府の発表に寄っかかっていると遅れてしまう。責任を押し付けるようで申し訳ないけど誰かがやらなければ。客観報道的なものでは伝えきれないんです」

これまでの報道原則を超えようとする彼らの思いを離れた場所で共有していたのが編集担当の上席役員待遇・吉田慎一（61）だった。吉田は朝日新聞の編集を総括する立場にある。震災当日、吉田は大阪支社の部長会に出席していた。「広告をはずせ。大阪からも応援部隊を出す」と電話で最低限の指示を出した後、何とか羽田行きの飛行機のチケットを取ったが運休。翌日朝一番の新幹線で帰京し、築地の東京本社編集局にたどり着いたのは12日午前10時頃だった。

吉田は長い帰路の途中で考えた。これは戦争と同じ非常事態だ。今回の震災でも政府はすべての事実を公表していくとは思えない。そこをどう克服するか——。その煩悶への答えを、東京本社5階の編集局にいた2人は既に用意していた。

「状況判断を書いてほしい」

1号機の水素爆発から半日後の13日未明、今度は3号機の注水が途絶え炉内圧力が急上昇する。明け方の午前5時10分、東電は原子力災害対策特措法15条に基づき3号機が冷却機能を失ったことを政府に通報した。3号機のベントはその直後に始まった。炉心溶融を起こしているのではないかと問う記者団に原子力安全・保安院の西山英彦審議官は「（燃料の）外側の被覆材の損傷というのが適切な表現だ」と間接的に否定したが、後の調査ではこの時点で既に3号機も炉心溶融が始まっていた。

前日に出張先の大阪からなんとか本社に戻った吉田は13日午後2時から5階編集局長室で震災後初の臨時部長会を開いた。集まったのは各部の部長のほか本社詰めのデスク、記者ら約50人。吉田は大阪からの帰路に考えていた3つのことを訓示した。一つは、今回の震災は戦争と同じ非常事態であるという気構えで対応すること。二つ目は被災地への取材もさることながら壊滅的な影響が予想される経済への取材も第2のフロントだという意識を持つこと。三つめは大阪本社など全国からの応援も含め取材の長期化に対応すること。そして「俺たちの仕事も新しい国をつくるくらいの力量が必要だ」と訴えた。

訓示の冒頭に挙げた「戦争と同じ」という言葉の裏には、大本営発表をそのまま垂れ流し続けた戦時報道への反省が込められていた。

震災から13年を経て吉田はこう語る。「戦争中の新聞を読んでも実際に何が起きているのかさっぱり分からない。大本営の言うまま書かないと発禁になるという事情があったにせよ、あれは新聞ではなかった。今の時代は検閲や発禁処分はないが、当局が情報を十分に出さないという点では変わっていないはずだ。その壁をどう克服するか、という思いは強くあった」

大牟田が西村と相談して科学グループ先輩の竹内に「原発の状況を竹内さんの判断に基づ

いて踏み込んで書いてほしい」と持ち掛けたのはこの臨時部会があった頃のことだ。竹内の回想。「1号機の爆発以降、編集局長室に常駐していた大牟田君が、編集フロアの隅にある科学医療グループに現れて『やってくれませんか』と。僕は事故発生日から2日続けて解説を書いていたので、やることは基本的に変わらないと思ったが、『その記事が朝日総体の見解になる』と言われて気合を入れなおした」。こうして始まった竹内の大型解説記事は18日まで連日続くことになる。

恐怖の夜

14日午前11時過ぎには3号機も水素爆発。非常用の冷却装置（RCIC）が唯一起動していた2号機も装置が稼働限界を超え、昼過ぎから炉内の水位が下がり始めていた。後で分かったことだが14日午後6時22分には2号機の炉心全体が水面から露出。7時50分には炉心溶融が始まっていた。しかも1、3号機と違ってベントができていない。このままでは炉内の圧力が急上昇して格納容器が爆発する恐れが出てきた。そうなれば高濃度の放射性物質が広範囲に飛散し手のつけようがなくなる。福島第一原発の吉田昌郎所長は車のバッテリー10台を接続してベント弁の再開放を試みる一方、消防車から炉内に注水しようとするが、いずれもうまくいかない。午後10時50分には2号機の格納容器内の圧力は設計上の限界を大きく超えていた。東電本店は圧力を下げる最終手段として高濃度放射性物質を含む炉内の蒸気を水を通さないで直接大気中に放出するドライウェルベント[†7]を行うよう吉田所長に指示した。しかしこれも機器の不具合で果たせなかった。

東電の清水正孝社長が原発からの作業員全員退避を政権幹部に懇願したとされるのがこの頃だ。強気で鳴らしてきた吉田所長も日付が変わる頃、「俺はもう駄目だ」[†8]と近くにいた職員に初めて弱音を吐いた。

政府・東電は2号機の燃料棒が空焚き状態になっていることは認めたが、保安院は「チェルノブイリのような事故にはならない」と説明していた。しかし竹内はそうではないと考え、15日付朝刊用に「異常事態ドミノ　対策手探り」と題した解説を書き始めた。電源喪失、炉心溶融、水素爆発など、いま目にしている状況は、政府・東電がすべて「起こり得ない」としてきたものだ。「想定外の状況下での手探りの作業だけに、次々と不具合が重なった」と、〝安全神話〟の代償の大きさを指摘したうえで、放射能の大量放出を防ぐために、とにもかくにも圧力容器と格納容器を守り抜くことを訴えた。

恐怖の夜が明けた15日の午前6時過ぎ、原発敷地内に大きな衝撃音が響いた。直後に調べた2号機の圧力抑制室の室内気圧はゼロ。周辺の放射線量も急上昇した。ついに格納容器が壊れたか――[†9]。政府・東電も、一報を聞いた竹内らも、皆そう思った。放射性物質の大量放出だけでなく、臨界状態になれば中性子線が放射される恐れもある。衝撃音と時を同じくして4号機での燃料プールからも白煙が上がり、炉心溶融が進む1、3号機と併せて福島第一原発は稼働するすべてのサイトで同時進行的に事態が悪化する最悪の状態に陥った。

免震重要棟で指揮を執っていた所長の吉田はこの瞬間、事実上の白旗を上げ、協力企業の職員全員に原発からの退避を要請した。

“

「原稿自体は早版用、遅版用いずれもさっと書けたが、体が震えるくらい怖かった」

危機感映す見出しを

この日の朝9時、竹内は西村から普段は出席しない夕刊の編集会議に呼ばれた。福島原発がどういう状況にあるのかを皆の前で直接説明してほしいという要請だった。西村自身、この日が原発事故の剣が峰だと考えていた。竹内は居並ぶ各部の部長やデスクにこう切り出した。

「きょうから日本が違う国になるかもしれない。下手をすれば東日本で人が住めなくなる」。

2号機の格納容器が壊れたり、4号機プールの使用済み燃料棒が核分裂反応を起こしたりすればもはや手の付けようがない。福島第一は1~4号機から大量の放射性物質が広範囲に拡

朝日新聞
3月15日
夕刊
圧力抑制室 損壊か
放射能大量飛散の恐れ
2号機爆発、炉心溶融
福島第一原発
各地で異常値観測
茨城、通常の100倍
北寄りの風、あすは西
最悪の事態に備えを
問われる日本社会の強さ

朝日新聞
3月15日
夕刊
福島第一 制御困難
放射能大量飛散の恐れ
2号機 圧力抑制室損壊か
4号機 核燃料漏出危機
最悪の事態に備えを
原発事故から身を守る
20～30キロ 屋内退避
各地で異常値観測

↗ 朝日新聞2011年3月15日夕刊早版（右）と同遅版（左）

散するだけでなく福島第二も撤退を余儀なくされ同様の事態に陥る。そうなれば東日本の広い地域から避難が必要になる——。竹内はそう説明した。十数人いた出席者は押し黙り、会議は異様な空気に包まれた。この見立てが必ずしも竹内の誇大妄想でなかったことは、その後の政府、東電の検証や政府、民間、国会など4つの事故調査委員会で証明されている。

席に戻ると竹内は夕刊用の解説執筆に着手した。「信じられないことだが、最悪事態に備えなければならない」と強い表現で書き出し、今回の原発事故がチェルノブイリ事故と比べられることになると指摘。「放射性物質は炉心から小さな粒子状になって放出され、風で運ばれて拡散する。風向きに注意し、最初の高濃度汚染の襲来を避けることが必要だ」として「原発近くの人は『現場を離れること』、そして、汚染が低い場所では『当面屋内にとどまる』」と、読者に避難を呼び掛けた。

竹内は「原稿自体は早版用、遅版用いずれもさっと書けたが、体が震えるくらい怖かった」と振り返る。

この解説は「最悪の事態に備えを」との見出しで1面の題字下に掲載された。そして一面トップの最終版主見出しとなる「福島第一　制御困難」は結果的に遅版用解説の文中から引き出されたようにみえるのだが、この最終版主見出しが生まれるまでには曲折があった。

その経緯をつぶさに見ていた整理記者がいた。編集センター（整理部）で夕刊サブデスクとして夕刊紙面全体をみていた芹川信哉（32）である。実はこの日の夕刊早版の一面トップの主見出しは「圧力抑制室　損壊か」だった。2号機の圧力抑制室が壊れ放射性物質が拡散したことを伝える内容だ。この時点で「制御困難」の文言は見出しにも記事にもない。芹川の記憶によれば午前10時半ごろ、GEの西村がこの早版ゲラを片手に編集局中央にある編集センターの通称六角机にやってきてこう言った。「2号機だけじゃなく4号機はどうなんだ。全体の状況をどう伝えるかを主見出しで示すべきじゃないか」

この日の朝、竹内から原発全体の危機的状況を聞いていた西村にとっては、その時感じた危機感が見出しに反映されていない気がした。

本記でなく解説に埋め込む

科学グループや整理のデスクら数人が集まってきて鳩首会談が始まった。「これは複合危機だろう」と西村が切り出し、昨夜から今朝方の動きを皆で分析した。あるデスクが「結局、福島原発全体がもはや制御不能ということじゃないですか」と総括すると、別のデスクが「不能とまで言っていいのか」と返した。「制御不能」は手を付けられず回復ができない状況を表す。実態はそれに近かったが、そのデスクは『制御困難』という幾分抑えた代替案を示し、結局それが採用された。

芹川自身はこのやりとりに加わってはいないが「こんな形で見出しが決まるのは滅多にないことだったから鮮明に覚えている」と話した。

この経緯について西村は「歴史に耐えうる見出しだと思い決めた。『制御困難』はさまざまな要素を総じて判断した結果としてふさわしい表現だと思った」と述懐する。

見出しは通常、本記の一部から採用されるが、15日夕刊遅版が異例だったのは、見出しが先に決まり、それが後から記事に埋め込まれたことだ。しかも埋め込まれた先は本記ではなく、竹内の解説だった。

この局面で読者が知りたがっているのは断片的な事実よりも全体を通しての状況判断だ。つまり「制御困難」という状況判断こそが最も伝えるべき内容なのだが、それは事実を主体とする本記にはなじまない。結果、朝日総体の判断として執筆している竹内の解説にこのキーワードを入れ込むことになった。

実際、竹内の早版段階での解説には「制御困難」という文言はない。竹内は遅版用差し替えで「極めて深刻な放射能放出が始まった」と踏み込んで書き出し、さらに「今や一列に並んだ4基の原子炉が同時に制御不能な状態に陥りつつある」との文章を挿入している。「制御困難」とした主見出しとは微妙にニュアンスは違うが、1～4号機全体を俯瞰して強い警告を発していることからみても、先の鳩首会談の内容が反映されていることは明らかだ。ただ竹内自身には編集幹部から直接そうした指示を受けた記憶はないという。

ちなみに、同日夕刊の他紙の一面トップ見出しは読売が「超高濃度放射能が拡散」、毎日は「高濃度放射能漏れ」。いずれも「ファクト」見出しなのに対し、朝日はファクトを踏まえた「判断」を見出しに取った点で異彩を放った。それは読者に「逃げろ」と告げているに等しかった。

編集の最高責任者だった吉田慎一は「『この見出しで夕刊はいきます』と報告があって『それでいい』と言った。後になってから、政府関係者に『あんな見出しを付けて朝日は責任とれるのか』と言われたようだけどね」と苦笑いしながら当時を振り返った。

教訓書くべき時

この日の夕刊最終面は「放射線　身を守るには」という白抜きのゴシック見出しを掲げ、読者向けの事故対策マニュアルをQ&A形式で示している。外部被ばく、内部被ばくを防ぐため「屋内にいる場合はドアや窓を閉め、換気扇やエアコンをとめて、外気を遮断する」、どうしても外に出なくてはならない場合は「肌を露出させない服装をした上で、鼻や口を湿らせたマスクやハンカチで覆う」などと細かく解説。またチェルノブイリ事故の際の放射能汚染地図を掲げ、この日の東京は「南東から北西へ向かって」風が吹くとの気象予報を示して放射性物質の流れに注意を促した。西村らが前日から準備を指示した生活情報だった。

「制御困難」と警句を発した一面の見出し。事態の深刻さを伝えた竹内の解説。そして放射線防御の術を説いた最終面。朝日は紙面全体を通して読者に最大級のアラートを送ったことになる。

福島第一原発敷地内では15日午後から放射線量がさらに高くなり、復旧作業を阻んだ。関東でも通常の数十倍の放射線量が確認され、事態は一気に最悪の方向に向かうかと思われた。後に一連の政府対応を検証した民間事故調も3月15日を「運命の日だった」と記している。

だが事態はこの日をピークに徐々に終息に向かい、朝日が発した最大限の警告は結果として空振りに終わった。その理由は今に至るも明確になってはいないが、専門家の間では、2号機の格納容器は容器上部の継ぎ目の間や何らかの原因で生じた亀裂から少しずつ蒸気が放出されたことで爆発的破壊を免れたとされる。また使用済み核燃料の空焚きが懸念された4号機は、核燃料貯蔵プールに隣接する原子炉ウエルと呼ばれる空間（680平方メートル）にたまたま貯められていた水が、何らかの理由で仕切りが壊れ貯蔵プールに流れ込んだとみられている。いずれも当局の想定内のことではなく、まさに〝神の配剤〟でこの国は救われたことになる。

だが、それは後に分かった事実を分析したうえでの結果に過ぎない。「運命の日」は運命の日にはならなかったが、当時、危機は依然続いているようにみえた。警視庁の機動隊が放水車を使って水をかける原発冷却計画が検討された16日夜、竹内は「緊急事態　知恵集める時」という翌日朝刊一面用の解説を書いた。まずは原発を冷やすと同時に電源を回復すること。そのためには政府、民間、原発の反対派、賛成派を問わず、この国全体の知恵を結集して対応すべきだという趣旨だ。

実はこの解説記事は早版では「放射線下の作業誰が　求められる政府の決断」という見出しだった。竹内自身がつけた仮見出しだ。記事では冒頭に「『放射線線量が高い原発事故では誰が作業するのか』。福島第一原発事故では、旧ソ連チェルノブイリ原発事故のあと、いわばタブーになっていた大問題に直面している」として「今は緊急事態だ。速い判断と対応が必要」として、法定限度を超えた線量被ばくを覚悟してでも原子炉冷却に突き進むべきだと訴えた。人命を第一に掲げてきた日本の新聞としては極めて踏み込んだ内容だった。

チェルノブイリ原発事故では炉心の爆発によって放射性物質が欧州全域に飛散する恐れがあった。それを防ぐために消防隊員らが高線量の中での作業を強いられ約30人が犠牲になっていた。人命はもちろん大事だが、誰かが危険を担わなければその何百倍、何千倍もの犠牲者が出かねない。それが原発事故の恐ろしいところだ。竹内の頭には、その教訓を書くべき時だという思いがあった。

ところが早版ゲラの見出しをみた編集局内で「この見出しはきついんじゃないか」と声が上がった。竹内は「やはりそうかな、と思った。死ぬかもしれない作業への突入という話をストレートに見出しにとるのはこの段階でもやはり難しかった」と回顧する。

“

「間違ったことを書いていないからいいという局面ではない。立脚すべき確かな事実が乏しい中でどう本質を伝えるか。そこへの挑戦だった」

「分からないこと」をどう伝えるか

後から振り返ると、福島原発事故のピークは14日夜から15日の昼過ぎにかけての半日間だった。そしてその危機を救ったのは事前の準備や事後の人為的取り組みというより、格納容器継ぎ目などからの蒸気排出など想定していなかった偶然に拠る部分が大きいとされる。

事態が落ち着き始めた3月18日。朝日の紙面に微妙な変化が現れた。数日前から連日掲載していた福島原発1～4号機の状況図に記されていた原子炉炉心の「溶融」の文字が消え、

「損傷」に変わった。この経緯について科学医療グループ長の大牟田はこう解説する。

「15日以降、奇妙な平穏が訪れた。その中でデータを持っている政府の公式見解は『炉心溶融』ではなくあくまで『損傷』。われわれは炉心溶融だと思っているのだが、政府が公式会見などで『損傷』と言うと、記事の中でその齟齬をいちいち説明しなければならなくなる。まあ、そういう事情もあったが、後から考えればもう少し工夫ができたと反省している」

朝日が挑んだのは、当局が十分な情報を出さない中で、事実に即した分析・判断を行い、踏み込んで報ずるという新たな報道の在り方だった。しかし直面するリスクの説明を避ける当局と、偶然がもたらした〝奇妙な平穏〟、さらには新聞記事の制約という逆風はその試みにブレーキを掛けた。そしてその後の吉田調書問題や従軍慰安婦報道にまつわる嵐のような朝日批判の中で、彼らの挑戦は朝日新聞という組織の中でさえ埋もれてしまっているようにみえる。

1週間で8本の解説記事を書いた竹内は振り返る。「福島事故以降も含めて5度検証取材に行ったチェルノブイリの惨状が原点にあった。そこで見たもの、聞いたことを踏まえて福島事故のその時その時の本当のリスクを思い切って書いてきたつもりだった。ただ、あの3月15日は一つ歯車が違えばチェルノブイリの5〜6倍の悲惨な事態が起こり得たわけで、そうした自分の中の体感に即した記事をきちんと書けたかというと、やはり怖すぎて書けなかった」

母親が広島で被爆した大牟田にとっても原子力は記者生活の原点だった。「人間は一度手にした技術は容易に手放せない。であれば安全に使っていくことを関係者が胆に銘じることが前提になる。新聞もその関係者の一つであるとすれば、発信することをためらっちゃいけない。そのことは実践できたのではなかったか。ただこれほどまでの事故が起きるとは思っていなかった。炉心溶融のシミュレーションなど原発事故に対する事前の準備をもっとしておくべきだった」

朝日の編集局長としてはおそらく初めて「従来の客観報道」を超えようと試みた西村は語る。「編集、記者生活の中であれほど連日、紙面の在り方が問われたことは初めての経験だった。間違ったことを書いていないからいいという局面ではない。立脚すべき確かな事実が乏しい中でどう本質を伝えるか。そこへの挑戦だったが、米国のジャーナリズムに比べると、書いたことに対してあまり時を置かずに少人数のチームで検証するといった試みが足りなかったという反省はある」

彼らの仕事を支えた編集担当の吉田は事故から約半年後の2011年8月26日に編集局全員に「報道ニーズに真正面から立ち向かおう」と題した社内メールを打った。その中で吉田は「私たちが慣れ親しんできた考え方ややり方を根本から疑ってかからないと、物事の実相に迫れない」と指摘し、「『惰性』を捨てよ」と訴えている。そして原発事故報道を教訓に後輩たちにこう託した。

「『分からないこと』を伝える。そこにチャレンジしなければなりません。分かったことを報道することを生業としてきた私たちには、苦手なことかも知れません。しかし、分かった振りをせず、何がどう分からないか、なぜ分からないか、そして、分からないときにはどうしたらいいのか、を、誠実・正確に書く。読者と知識を共有し、ともに悩むという新しいスタイルに踏み込むときです」

2011年3月		
11日	14:46	東日本大震災発生
	15:37〜	福島第一原発1-5号機が全電源喪失
	15:55	朝日新聞が新聞発行委員会で降版時間繰り上げなど決める
		(16:40　1号機の炉心が露出開始)=6月6日に保安院が発表
		(18:00　1号機の炉心が溶融開始)=6月6日に保安院が発表
	19:03	政府が原子力緊急事態宣言
		(20:00　1号機の圧力容器が破損開始)=6月6日に保安院が発表
	20:50	政府が第一原発から半径2キロに避難指示
	21:23	政府が原発から半径3キロの避難指示
	21:51	1号機の原子炉建屋の放射線量が上昇と発表
12日	00:06	1号機格納容器の圧力上昇、吉田所長が1号機のベント準備指示
	00:49	1号機について原子力災害対策特措法15条通報(格納容器圧力上昇)
	05:44	政府が避難区域を半径3キロから10キロに拡大(5万人規模)
	06:00過ぎ	寺坂保安院院長が会見で正門付近の放射線量が通常の8倍と発表
	06:14	菅首相が現地へヘリで出発
	09:04	1号機でベント作業開始
	14:00過ぎ	保安院の中村審議官がセシウム検出明らかにし「炉心が溶け出している」
	15:36	1号機が水素爆発
	15:40	福島中央テレビが地元枠で爆発映像放映
	16:49	日テレが爆発映像放映

↗ 福島原発事故の経過

13日		(10:20　3号機の炉心溶融始まる)=6月6日に保安院が発表
	14:00	朝日で臨時部会。吉田編集担当が「戦争と同じ非常事態」
	午後	大牟田科学グループ長が竹内編集委員に「原発の状況を主観でかいてほしい」
	夕	保安院の西山審議官が炉心溶融について「被覆管の損傷というのが適切」
14日	11:01	3号機が水素爆発
		(18:22　2号機の炉心全体が露出)=6月6日に保安院が発表
		(19:50　2号機の炉心溶融始まる)=6月6日に保安院が発表
	13:25	東電が2号機冷却機能喪失と判断し政府に通報
	22:50	2号機の炉内圧力が設計上の限界を大きく上回る
		東電本店が吉田所長に2号機のドライウエルベントを指示
	24:00頃	2号機のベント弁操作に失敗
		吉田所長が「俺はもうだめだ」
15日	06:10	2号機周辺で衝撃音。4号機燃料プールから白煙
	07:00頃	福島第一の作業員70人残し650人が第2原発へ避難
	09:00	朝日新聞の夕刊編集会議で竹内が「下手すれば東日本で人が住めなくなる」
		福島第一正門付近で毎時1万1930マイクロシーベルト観測
	10:30頃	西村GEが夕刊の見出し差し替えを提案。協議の末に「福島第一　制御困難」に
16日	16:00過	自衛隊ヘリが4号機プールに水があることを確認
	夜	竹内執筆の「放射線下の作業 誰が」の見出しが「緊急事態　知恵集める時」に

注

†1――原子炉内の状態：震災から3か月近く経過した2011年6月6日に原子力保安院が発表。それによると3号機は3月13日午前10時20分に炉心溶融が始まり14日夜に圧力容器が破損。2号機は14日午後10時10分に炉心溶融が始まった。

†2――ベント：原子炉圧力容器内の圧力が異常に上昇した場合に内部の気体を排出して圧力を下げる仕組み。圧力抑制プールを通して放射性物質を水に吸着させたうえで排出するウェットベントと、急を要するため直接排出するドライウェルベント[†7]がある。

†3――「炉心溶融」をめぐる編集局内のやり取り：2011年10月15日朝刊の朝日新聞特集記事から引用。

†4――FCTの原発監視映像：1999年のJCO事故をきっかけに設置したが、東日本大震災まで12年間その映像が使用されることはなかった。佐藤元報道制作局長は「日中で、しかも天気が良かったから撮れた」という。爆発から4分後に白煙を上げているライブ映像をオンエア。並行して編集室でビデオ映像を巻き戻して原子炉建屋が吹き飛ぶ場面を確認し、1分後には爆発の瞬間の録画映像を流したという。

†5――NTVコメント：「プロメテウスの罠」（朝日新聞特別報道部：学研パブリッシング）247pから引用。

†6――パニック心理：「人はなぜ逃げ遅れるのか――災害の心理学」（広瀬忠弘：集英社新書）より。

†7――ドライウェルベント：圧力容器内の放射性物質を水に通さず直接外に放出し、容器内の圧力を下げる方法。水を通さずに放出するため周囲に高濃度の放射性物質をまき散らすため、〝禁じ手〟とされている。

†8――吉田所長の言葉：「全電源喪失の記憶」（共同通信原発事故取材班：新潮文庫）274pから引用。

†9――2号機の炉内圧力：衝撃音の後に2号機の原子炉下部にある圧力抑制室の室内圧力がゼロを計測したことで、格納容器が破損したとみられていたが、実際は炉内では一定の圧力が保たれており、破損は免れていたことが後になって分かった。

あとがき――組織の包摂力

毎年のゴールデンウィークに早稲田大学で開催される報道実務家フォーラムという催しがある。全国各地の記者、編集者が組織の垣根を超えて集い、取材のノウハウや裏話などを披露する場で、共同通信出身の澤正臣・早大教授らが手弁当で10年ほど前から開いているイベントだ。3日間で約60の講座があり、優れた記事を書いた記者が経緯や背景を語り、その後質疑応答があるのだが、そこで必ずと言っていいほど出る質問がある。

「どうやって上を説得したんですか」

「社内で抵抗はなかったのですか」

私はこの質問を聞くたびに、自分が共同通信在職中にどれほど自由気ままに仕事をさせてもらっていたかを痛感する。古巣を褒めそやすのは気が引けるが、在職三十数年の間、私は上司に仕事を阻害されたり、理不尽な形で提案を打ち捨てられたりしたことはほとんどと言っていいほどなかった。「おもしろいじゃないか。やってみればいい」。多くの先輩諸氏が、前例にないこと、軌道から外れたことをやろうとする生意気な若輩者の背中を押してくれた。異論を唱える場合でも、上司は職位を笠に物言いしたり激高したりすることはなく、情理を尽くした説明と議論があった。教養と度量のある人が私の周りにはいたことは幸せだった。もっとも、前の職場を去ってから世の中はそうした人たちばかりではないことを思い知るのだが。

私がこの本の最後に強調しておきたいのは、本書に登場した異端者たちを抱え込み、異端的な仕事を容認し、あるいは後押しさえした組織のことである。

スペインの哲学者オルテガ・イ・ガセットは「大衆の反逆」の中で「人間は自分と違う者との共存は望んでいない、自分でないものを死ぬほど憎んでいる」と喝破した。それは多様性が強調される現代社会でも変わらぬ人間の性のようなものだろう。異端者はいつの時代も組織の中では面倒な存在、それまでの〝秩序〟を乱す異物なのだ。そして異端者に向けられる言葉は「自分の好きなことばっかりやっている」「独善的」など、相場が決まっている。

たしかに異端者と一緒に仕事をするのはたいへんかもしれない。率直に言えば、この取材の過程でもそう感じることは何度かあった。彼らは自身に厳しい分、他者にもそれを求める傾向が強いし、自身がこだわる部分はささいなミスも許そうとしない。この頑なさが彼らの持ち味でもあり、また周囲に人たちと摩擦を引き起こす毒にもなる。

そんな不穏な空気を治め、折伏し、時には異端者を諫めながら、彼らが仕事のできるスペースをつくることのできる上司は、現代社会においては異端者以上に稀有な存在なのかもしれない。異端者たちに自覚があるのかどうかは分からないが、異端者が異端者としての仕事を完遂できたのは、彼らにスペースと時間を与える庇護者がいたからであり、彼らを包摂する組織文化があったからだろう。ジャーナリズムの重要な仕事が社会の多様性を包摂することだとすれば、この文化を守ることこそが新聞の生命線だと私は思う。

本書は筆者が所属する公益財団法人・新聞通信調査会が発刊する月刊誌「メディア展望」に2023年11月から24年1月まで連載した「新聞人の決断」を大幅加筆修正した。書籍化に当たっては、熱心に出版を薦めてくださった旬報社の木内洋育社長、まえがきに記したようにさまざまな示唆をいただいた熊谷満企画編集部長、また「メディア展望」の編集スタッフをはじめ厳しい環境の中でさりげなく励ましてくださった同僚の方々に深く感謝したい。

最後にご多忙の中で時間を割き、自身の痛恨事や悔恨を含めて率直なお話をいただいた新聞社7社の皆さんに格別の御礼を申し上げる。

河原仁志（かわはら・ひとし）
1982年に共同通信社入社。
福島、浦和（現さいたま）支局を経てニューヨーク特派員、
経済部長、ニュースセンター長、編集局長。
17～19年に東京大学大学院情報学環でジャーナリズム論の講座を持つ。
2019年からフリーライター。
著書に「沖縄をめぐる言葉たち」（毎日新聞出版）、
「沖縄50年の憂鬱～新検証・対米返還交渉」（光文社新書）など。

異端　記者たちはなぜそれを書いたのか

2024年11月1日　初版第1刷発行

著者……河原仁志
ブックデザイン……木下 悠
編集担当……熊谷 満
発行者……木内洋育
発行所……株式会社旬報社
〒162-0041
東京都新宿区早稲田鶴巻町544　中川ビル4F
TEL 03-5579-8973　FAX 03-5579-8975
HP https://www.junposha.com/
印刷製本……シナノ印刷株式会社

ISBN978-4-8451-1949-3